KB245155

인사담당자
100명의
비밀녹취록

인사담당자
100명의
비밀녹취록

인사담당자 100명의 비밀녹취록

초판 1쇄 발행 2017년 2월 17일
초판 5쇄 발행 2023년 1월 20일

지은이 김도윤, 제갈현열

펴낸이 조기흠
편집이사 이홍 / **책임편집** 박의성 / **기획편집** 정선영, 전세정
마케팅 정재훈, 박태규, 김선영, 홍태형, 임은희, 김예인 / **디자인** mmato / **제작** 박성우, 김정우

펴낸곳 한빛비즈(주) / **주소** 서울시 서대문구 연희로2길 62 4층
전화 02-325-5506 / **팩스** 02-326-1566
등록 2008년 1월 14일 / 제25100-2017-000062호

ISBN 979-11-5784-170-7 13320

이 책에 대한 의견이나 오탈자 및 잘못된 내용에 대한 수정 정보는 한빛비즈의 홈페이지나
이메일(hanbitbiz@hanbit.co.kr)로 알려주십시오. 잘못된 책은 구입하신 서점에서 교환해드립니다.
책값은 뒤표지에 표시되어 있습니다.

⌂ hanbitbiz.com f facebook.com/hanbitbiz N post.naver.com/hanbit_biz
▶ youtube.com/한빛비즈 ⓞ instagram.com/hanbitbiz

지금 하지 않으면 할 수 없는 일이 있습니다.
책으로 펴내고 싶은 아이디어나 원고를 메일(hanbitbiz@hanbit.co.kr)로 보내주세요.
한빛비즈는 여러분의 소중한 경험과 지식을 기다리고 있습니다.

인사담당자 100명의 비밀녹취록

김도윤, 제갈현열 지음

한빛비즈
Hanbit Biz, Inc.

사실, 이 책은 세상에 나오지 못할 뻔 했다.

좀 더 정확히 말하면, 타의가 아닌 자의에 의해서 이 책을 세상에 내고 싶지 않았다. 한 나라에서 가장 힘이 있는 대통령도, 정부의 실업 문제 해결을 위한 수많은 공적자금도, 실제로 많은 직원을 채용하고 있는 대기업의 회장도 해결하지 못한 취업 문제를 힘없는 작가의 글로 '과연 무엇을 바꿀 수 있을까'란 부끄러움이 있었기 때문이다.

우리 사회 모두가 노력을 했지만 일자리는 점차 줄어들었고, 청년층은 그만큼 더 힘들어졌다. 이미 시대의 흐름이 그렇게 되었는데 아무리 멋지고 아름다운 글을, 취업에 진짜 필요한 글을 담는다 할지언정 취업을 할 수 있는 일자리 자체는 단 한 자리도 늘어나지 않을 것이다. 마음 아프지만 그것이 진실이고, 그런 말을 할 수밖에 없기에 펜 끝의 날카로움은 갈 길을 잃었다. 그래서 글을 쓰던 손끝을 멈췄다. 세상에 아무런 도움이 되지 않을 책을, 책을 내고 싶다는 나의 욕심만으로 출간하고 싶지는 않았기 때문이다.

그러던 어느 날, 바닷가에서 불가사리를 줍던 한 노인의 이야기를 들었다. 파도에 떠밀려 해안가에서 말라 죽어가고 있는 수천 마리의 불가사리, 그런데 한 노인이 그 불가사리를 한 마리 한 마리 바다에 다시 던지고 있었다. 분명 그 많은 수에 비하면 쓸모없는 짓이었고, 모두를 구할 수도 없는 행위였다. 마침 지나가던 한 사람이 그 노인에게 물었다. "그렇게 해봤자 불가사리 전부를 구할 수 있는 것도 아닌데, 왜 그런 부질없는 행동을 하나요?" 노인이 불가사리 한 마리를 마저 집으며 답했다. "맞아요. 하지만, 그 불가사리 한 마리는 다른 삶을 살겠지요."

그 이야기를 듣는 순간, '내가 어쩌면 너무 많은 것을 바꾸고자 한 것은 아닌지, 단 한 명의 독자를 위해서라도 글을 쓰겠다고 한 작가의 초심을 잊은 건 아닌지'라는 생각이 들었다. 그렇게 단 한 마리의 불가사리를 위한다는 마음으로 글을 쓰기 위해 문밖으로 떠났다.

인터넷에서 떠도는 검증되지 않은 이야기가 아니라, 다른 책에 나온 뻔한 이야기가 아니라 진짜 이야기를 찾고 싶었다. 그렇게 삼성, 현대, LG, SK, 롯데 등 누구나 들어가고 싶어 하는 대기업과 중견기업, 외국계기업 인사담당자 100명을 찾아서 3년간의 여정을 떠났다. 서울, 대전, 수원, 멀리는 대구, 부산까지. 거리로만 5,000킬로미터가 넘는 과정이었다.

사실, 수많은 인사담당자들의 인터뷰 자료는 인터넷만 클릭하면 누구라도 쉽게 찾아볼 수 있다. 하지만, 무언가 이상했다. 그 이야기엔 너무 좋은 이야기, 너무 동화 같은 이야기들로 가득했다. 정말 이런 방식으로 사람을 뽑을 리가 없다. 내가 겪은 취업은, 우리들이 겪고 있는 취업은 그렇지 않았다. 인사담당자들을 직접 만나서 조금 많이 아플지언정 진짜 이야기를 담고 싶었다.

정확한 기업명과 실명을 밝히지 않는다는 조건으로 한 명 한 명에게 비밀 인터뷰를 요청하고, 거듭 진실된 이야기를 부탁드렸다. 한편으론 그들이 허락하지 않는 상황에서도 인터뷰의 대부분을 녹음했다. 허락을 받고 녹음을 하는 순간, 녹음이 부담스러워 신문에 나온 동화 같은 이야기를 하게 될 그들이 두려웠기 때문이다.

때때로 날카로운 질문은 그들을 곤란하게 했고, 더 자세한 정보를 듣고 싶어 하는 나의 탐구심은 그들을 불편하게 했다. 그것이 그들에게 예의가 아님을 알지만, 그런 내 태도야 말로 글로써 전해야 하는 독자들에 대한 의무라고 믿었기 때문이다. 그 의무를 위해 나는 때론 눈치 없는 사람, 예의 없는 사람이 되었지만, 내 불편한 질문을 멈추지 않았다.

그렇게 인사담당자 100명의 말을 귀에 담았다. 그 이야기를 이제 시작해보고자 한다. 다들 조금씩 다른 이야기를 했지만, 크게 뽑고자 하는 인재에 대한 이야기는 비슷한 부분이 많았다. 그래서 각 기업별로 취업 전략을 이야기하기보다, 그중에서도 그들이 가장 많이 이야기하고, 가장 중요하다고 생각되는 이야기들을 모아 전하고자 한다.

　지금부터 시작될 이야기는 여러분들이 좀 더 재미있게 읽을 수 있도록 한 편의 소설처럼 진행하고자 한다. 여러분과 비슷한 취업준비생인 한 학생이 취업의 고수들을 만나 취업에 대해 배우고 깨달아가는 과정이다. 그 전개는 소설이나, 그 안에 담긴 모든 내용은 사실을 바탕으로 했으니 읽는 건 소설처럼 재미있게 읽되, 그 안에 담긴 내용은 여러분의 현실임을 꼭 기억해주기를 바란다.

　끝으로, 너무나도 상세한 이야기를 해준 인사담당자들에게 감사를 표현하고 싶지만, 혹시나 그들에게 피해를 끼칠까봐 한 명 한 명 실명을 언급하며 감사함을 표현할 수 없음에 죄송함을 표한다. 하지만 그 미안한 만큼, 많은 청춘들이 이제 그만 자신의 진로와 취업이 뭔지 깨달을 수 있는 시간이 되리라 생각한다. 그런 마음으로 나는 글을 적었고, 이제 시작하려 한다.

어느 날 궁금해졌다.
그렇게 움직이기 시작했다.
모두가 걸어가지만,
아무도 알지 못하는 그 목적지로.

대학시절 열심히 살았고, 괜찮은 스펙도 쌓았어요.

도대체, 제가 왜 계속 떨어지는지 모르겠어요.

꿈과 열정을 본다면서요? 뭐가 그렇게 부족한 거죠?

…

'불합격'이란 단어보다 더 힘든 것은

왜 떨어졌는지 이유를 알 수 없는 답답함이에요.

이유라도 알아야 노력을 하죠.

그 기준이 대체 뭔가요?

정말, 언론에서 말하는 그런 뻔한 내용이 사실인 건가요?

붙어야 하는 자(취업준비생 K군)

언론사에서 왔을 때 저희가 답변을 드려서 기사에 나왔던 내용입니다.

학교, 어학 성적, 나이, 성별 이런 것들은 중요하지 않다고 하죠.

청년들의 열정과 스토리를 보겠다고 말하는 굉장히 상투적인 내용이죠.

…

하, 솔직히 말씀드리면 이런 것들은 언론 홍보용입니다.

하지만, 외부에서 물어보면

저희도 그렇게 답변할 수밖에 없어요.

회사의 이미지도 있고, 인사담당자인 저도 한 명의 직원에 불과하니까요.

어떻게 정확한 기준을 이야기할 수 있겠습니까.

…

그런데, 지금 이 인터뷰

정말 비공개로 진행되는 거 맞는 거죠?

떨어뜨려야 하는 자(M기업 채용담당자)

이 이야기의 모든 인물과 상황은 허구다.
허구로 할 수밖에 없었던 것은
그 가면을 씌우지 않으면 불편해할 많은 사람들이 있었기 때문이다.
달리 이야기하면,
이 허구 속에 나오는 모든 대화는 인사담당자들이 그토록 숨겨왔던
그들의 치부이며, 진짜 이야기다.

한 남자가 문구 하나를 뚫어지게 쳐다보고 있다. 그 문구엔 빨간 줄이 그어져 있었고, 줄 아래엔 '특기는 좀 더 명확하고 구체적으로 적을 것'이라는 피드백이 달려 있었다. 많지 않은 이 내용을 한참 동안 그는 들여다보고 있다.

그가 보고 있는 것은 자신의 이력서였다. 이력서는 평범했다. 적당한 수준의 대학, 딱 그 정도의 토익 점수, 영어권 나라의 어학연수 경험, 취업준비생이라면 누구나 가지고 있다는 IT 자격증 몇 개와 봉사활동까지, 이력서는 그가 **대한민국의 아무개**라는 것을 말해주고 있었다.

유일하게 다른 점이 있다면, 그가 응시하고 있는 특기란이었다. 특기를 적으라는 말에 지난날을 돌아본 그였다. 특별함을 적어야 하는 그 빈칸을, 특별함 없이 살아온 그는 쉽게 채울 수 없었다. 무난한 가정환경, 평범한 학창시절, 딱 남들만큼만 하며 살아온 그였다. 그래서 한참을 고민할 수밖에 없었다.

꽤나 긴 고민 끝에 그는 '궁금한 것은 어떻게든 아는 것', 이 한 가지를 발견할 수 있었다. 아이가 어떻게 생기냐는 질문에 황새가 물어다 준다는 부모님의 말로는 만족할 수 없어서 진짜 과정을 들을 때까지 왜라는 질문을 멈추지 않았던 그였다. 그냥 외우면 된다는 미적분을 이해하고 싶어 뉴턴의 전기를 읽고 지우개를 자르고 붙이며 한 달을 넘게 몰입했던 그였다. 좋아하는 소설의 스토리 전개가 납득이 되질 않아 해당 작가의 강연회를 찾아가 강연이 끝난 후 두 시간이 넘도록 무대 뒤편에서 작가를 곤혹스럽게 만들던 그였다.

무난하다 생각했던 자신의 인생에 특별한 기억은 이것이 전부였기에, 그는 이런 자신의 성향을 특기로 적었다. 자기를 설명해야 하는 이력서에 그는 자신을 정의했고, 그 정의엔 빨간 줄이 그어졌다. 잘못되었다는 피드백과 함께 말이다. 그런 이유로 그는 지금 생각에 잠겨 있었다.

작은 점 하나가 세상을 바꿔놓는 순간이 있다. 뉴턴의 사과처럼, 콜럼버스의 달걀처럼, 아르키메데스의 욕조처럼 말이다. 그의 세상을 바꿀 작은 점은 바로 지금이었다.

'나를 적으라고 해서 나를 적었더니 그게 잘못되었다고 말하는군. 왜?'

'그 전에, 이들은 무슨 근거로 이것이 잘못되었다고 말한 거지?'

'잘못되었다는 말은 답을 알고 있다는 것인데, 그들은 정답을 알고 있는 건가?'

'만약 답을 알고 있었다면, 왜 그들은 아직 취업을 못 한 거지?'

‘그전에, 그 답은 누가 알려주는 거지?’

‘그래, 답은 도대체 누가 결정하는 거지?’

“오빠, 무슨 생각을 그렇게 해요?”

질문의 꼬리를 물고 있던 그를 한 여성이 깨운다. 함께 취업 스터디를 하고 있던 과 후배였다.

“그냥… 나를 적으라고 해서 적었더니, 정작 나를 모르는 사람들이 그건 오답이라 말하는 게 신기해서 생각 중이었어.”

“뭐요? 아… 특기란? 특기란은 구체적으로 적어야 해요. 여행, 독서 뭐 이런 식으로요. 그중에서도 남들이 하지 않았던 것을 적는 게 유리하죠. 특색이 있어 보이니까요.”

“… 이력서라는 것이 남들과 다름을 보여주는 거야?”

“꼭 그런 건 아니겠지만, 그래도 결국 취업은 경쟁인데 남들보다 눈에 띄는 것들이 있으면 좋죠.”

“글쎄, 난 잘 모르겠다, 솔직히. 아무리 생각해도 내가 자신할 수 있는 특기는 이것뿐인 것 같은데 말이야.”

그의 고민이 대수롭지 않은 듯 그녀가 웃으며 대답한다.

“오빠가 막 취업을 준비해서 그래요. 좀 하다 보면 요령도 생기고 감도 생길 거예요.”

“그 요령과 감을 어떻게 정답이라 확신할까? 누가 정답이라고 확인시켜준 적이 있었나?”

“…”

“아니다. 내가 괜히 꼬투리 잡는 질문만 하네. 먼저 들어가 볼게.”

도망치듯 자리를 빠져나온 그는 교정을 걸었다. 걸음은 그를 어디론가 향하게 만들었지만, 생각은 여전히 제자리였다. 질문은 꼬리에 꼬리를 물었지만 나아가진 못하고 있었다. ‘답은 도대체 누가 결정하는가?’ 무의식으로 걸어가던 발걸음이 멈춰 섰다. 그 멈춤과 함께 마침내 생각의 미로에도 하나의 깃발이 꽂혔다.

‘나는 지금 취업을 하기 위한 시작점에 있다. 나는, 아니 그 누구도 취업에 있어 정답이 무엇인지 정확하게 알지 못한다.’

‘그리고 어느 때보다, 나는 지금 취업이 궁금해졌다.’

취업이 무엇이기에 알고 있는 유일한 특기를 스스로 부정하게 만드는지, 그 특기를 부정하는 사람들은 무엇을 근거로 자신의 지적이 정답이라 확신하는지, 그럼에도 그 확신을 가진 사람들 대부분이 왜 취업문에서 고배를 마시는지, 그 모든 것들이 궁금해졌다.

“뭘 고민하고 있냐. 방금 전까지 특기란에 자신 있게 적어놓고선 말이야. 궁금한 게 생겼으니 이제 알아보면 되겠네.”

나지막이 웃으며 그는 다시 걸음을 걷는다. 취업이란 실체로 다가갔던 그의 조금 긴 여행은 그렇게 시작되었다.

사람을 왜 뽑죠?

애들이 나가서 빈자리가 있으니까,

그 자리에 누군가를 앉혀야 하니까요.

어떤 놈을 뽑을까요? 그 자리에 적합한 사람이겠죠.

결국, 사람을 뽑는 이유는 빈자리에 적합한 인재를 채워

시스템을 유지하기 위해서예요.

채용담당자가 그 자리에 적합한 사람을 어떻게 선정하려고 노력하는지

그 관점에서 시작하는 것이 올바른 취업의 길입니다.

결국, 우리의 고민은 Best People이 아니라, Right People이니까요.

_G기업 인사담당자

stage ZERO
사람을 뽑는 것이 아니다,
시스템을 뽑는 것이다

채용시장이 좁아진 이유는
경기의 흐름이 아니라 목적의 변화다

"질문을 잘못하고 있네요. 연비 씨가 답을 찾기 위해 지금 제게 물어봐야 하는 건 '취업이란 무엇인가'가 아니에요. **'채용이란 무엇인가'죠.**"

어찌 보면 말장난 같은 이 질문을 마주하며 그는 적잖이 당혹스러워하고 있었다. 그의 앞에 앉아 있는 장선생의 대답은 그를 당황하게 만들기에 충분했다.

일주일 전, 취업이 무엇인지 실체를 찾겠다고 다짐했던 그가 처음 했던 것은 검색이었다. 인터넷에 취업을 검색하니 관련 도서가 9만 9,566건이 나오는 것을 보고 놀라움을 금치 못하던 그였다.

10만 권에 가까운 책들이 취업에 대한 나름의 노하우를 소개하며 취준생들을 유혹하고 있었다. 제목만 훑어보다가, 이내 대부분의 책들은 자신이 찾던 답을 알려주지 못할 것이라는 실망감을 느낄 수밖에 없었다. 《OO기업 취업 비법》, 《취업 전략》, 《공기업 취업 전략서》,《취업 로드맵》… 대부분의 책들은 제목만 봐도 어떤 책인지 알 수 있었다. 취업을 하기 위한 기술적인 방법, 즉 HOW에 대한 이야기들. 하지만 그가 궁금한 것은 HOW 이전에 WHAT이었다. 취업 그 자체에 대한 본질적인 것을 알고 싶어 하는 그였기 때문이다.

취업 관련 온라인 동호회 역시 마찬가지였다. 다양한 업종, 직군의 정보와 자소서 공유가 이뤄지는 카페는 수도 없이 많았으나, 그처럼 취업 자체에 대한 고민을 공유하려는 카페는 쉽게 보이지 않았다.

'무작정 검색하는 것으론 답이 없나…'

혼잣말을 되뇌던 그의 시선이 순간 멈췄다. 누군가의 블로그에 검색된 한 문구가 그의 눈에 들어온 것이다.

완벽하게 틀렸었어. 나는 그토록 원한다고 했으면서도 취업이 뭔지 전혀 몰랐거든. 그걸 아주 시원하게 인정하고 나니 모든 것이 달라졌어. 이제서야 나는 진짜 취업을 알게 되었지. 그분과의 만남으로…

글을 클릭하자 또 다른 블로그로 연결되었고, 글의 뒷부분을 볼 수 있었다.

그분과의 만남으로 모든 것들이 바뀌었어. 그분의 말은 지금껏 채용설명회에서 들었던 이야기와는 전혀 달랐거든. 그것도 아주 부정적으로 말이야. 하지만 말을 듣는 내내, 나는 그분의 이야기가 진짜 이야기라는 것을 느낄 수가 있었어. 그제서야 내가 하려는 취업의 본질들이 보이기 시작했지. 그 본질이 아무리 잔인하더라도 모르는 것보단 낫잖아? 내 주위의 모든 사람들에게 보여주고 싶은, 하지만 그 누구에게도 보여주기 싫은 진짜 이야기…

'그분이 누굴까? 누군진 몰라도 어쩌면…'

혹시나 하는 마음에 쪽지를 남겼고, 며칠 뒤 블로그 주인에게 답장이 왔다. 잠시 이야기를 나눌 수 있겠냐는 부탁에 그는 대화창으로 화답했고, 생전 본 적 없던 두 사람은 그렇게 잠깐의 대화를 나누게 되었다. 간단한 소개를 마치고 그는 블로그를 찾아오게 된 경위와 본인이 결심했던 내용들에 대해 이야기했다.

묵묵히 이야기를 듣고 있던 블로그 주인이 입을 열었다.

"연비 씨가 어떤 고민을 하는지 잘 알았습니다. 이야기를 하기 전에 저도 제 소개를 할게요. 저는 인사팀에서 신입사원 교육을 담당하고 있는 백설기라고 합니다. 연비 씨가 본 글은 취업을 준비할 때 제가 썼던 글이고요.

연비 씨와 같은 고민을 했던 것은 아니었지만, 거듭되는 취업 실패로 한창 좌절하고 있을 때였어요. 담당 교수님을 찾아가 상담을 하는데 교수님께서 한 분을 추천해주셨어요. 그분이 제가 글에 적었던 선생님이셨고요. 그리고 그분 덕에, 여러 가지 의미로, 지금의 제가 만들어질 수 있었죠. 그분을 한번 만나보세요. 아마, 제가 도움을 받았던 것처럼 연비 씨에게도 많은 도움이 될 거예요.”

“그분은 어떤 분이시죠? 인사담당자? 아니면 취업 컨설턴트?”

“하하. 그렇진 않고요. 자세한 건 만나서 이야기를 나눠보시면 알 겠지만, 간단하게 표현하자면, 음… 지금의 채용시장을 설계한 분이 세요. 과거의 채용시장에서 지금에 이르기까지 모든 기업들이 쓰고 있는 채용 시스템의 큰 흐름을 만든 분이시죠.”

그리고 지금.

연비는 장선생과 마주하고 있다. 그간의 일들과 이렇게 직접 찾아 오게 된 경위를 들은 장선생의 대답은, 질문의 방향이 잘못되어 있 다는 것이었다. 그리고 예상외의 그 대답이 그를 당황하게 만들고 있었다.

“연비 씨는 취업에 대한 모든 것을 알고 싶어 하죠. 그걸 정확하 게 알기 위해선 처음 질문을 바꿔야 해요. ‘취업이란 무엇인가’가 아 니라, ‘채용이란 무엇인가’로 말이죠. 취업은 결국 채용하는 주체에 소속됨을 의미하니까요. 주체를 먼저 알아야 객체인 연비 씨의 입장 이 명확해질 수 있어요. 어찌 되었건, 연비 씨는 **채용이란 흐름에 작 은 부분에 불과**하니까요.”

“그럼 다시 물을게요. 채용이란 게 도대체 뭐죠?”

“좋아요. 그럼 이렇게 질문해볼게요. 과거의 채용시장과 현재의 채용시장이 같다고 생각하나요?”

“많이 달라졌죠. 비교도 되지 않을 만큼.”

“예를 들면요?”

“과거에는, 그러니까 우리 아버지 세대만 하더라도 지금처럼 많은 준비가 필요하진 않았어요. 그땐 대학만 나와도 다들 취업하는 시대였으니까요. 그런데 지금은 그 어떤 시기보다 많은 준비를 하지만, 동시에 그 어떤 시대보다 적은 인원만이 원하는 곳에 취업을 하죠. 당장 취업률만 봐도 54퍼센트밖에 되지 않으니까요.”

“원하는 곳이라… 뭐, 그 부분은 아직 이야기할 필요는 없을 것 같고, 중요한 지적을 하셨네요. 말씀하신 것처럼 노력과 성과의 반비례곡선의 정점이 지금이죠. 어느 때보다 치열한 노력을 하는 시대지만, 그 어느 때보다 처절한 결과를 받아들여야 하는 시대. 그래요, 그게 지금이에요. 그럼, 왜 이렇게 채용시장이 어려워졌을까요?”

“수요와 공급의 불균형 때문이 아닐까요? 수요는 갈수록 줄어들고 있지만, 공급은 갈수록 늘어나고 있으니까요. 수요 안에 들어가기 위한 과잉경쟁이 시작될 수밖에 없는 거죠.”

“왜 수요가 줄어들었을까요?”

“경기가 그만큼 어려워졌으니까요.”

“그 말도 맞지만, 동시에 틀렸어요.”

“네?”

"단순히 경기가 어려워졌다는 말을 답으로 하기에 정작 채용의 주체인 기업은 그 어느 때보다 부유해지고 있어요. 기업의 사내유보금이 다른 어떤 시기보다 많아진 지금이니까요. 국내 상장기업 1,700여 개 사의 사내유보금 총계는 2011년 637조 원에서 2015년 832조 원으로 4년 만에 무려 195조 원이나 늘었습니다.

기업은 부유해졌는데, 살림이 어려워져서 사람을 뽑지 못한다? 말이 안 되지 않나요?"

"듣고 보니 그렇군요. 왜 수요가 줄어들었을까요?"

"왜 수요가 줄어들었을까, 이 질문에 대한 대답은 무척 중요해요. 여기에 연비 씨의 의문에 답해줄 중요한 단서가 있거든요. 답을 말씀드리면, 채용의 목적이 변했기 때문이에요."

"채용의 목적이요?"

그의 질문에 의미심장한 미소를 지은 채, 잠시 숨을 고르고 장선생이 말을 이어갔다.

"과거에는 대부분의 기업이 시스템을 갖추고 있지 못했어요. 그래서 시스템을 만들 수단이 필요했죠. 시스템을 구축하는 데는 막대한 인력과 자본이 들어가요. 그 인력을 확보하기 위해 기업들은 다양한 사람들을 선발했죠. 그때의 인력들은 시스템을 구축하고 발전시켜 나갈 프런티어들이었던 겁니다.

하지만, 한 세대만에 대부분의, 소위 대기업이란 존재들은 시스템을 완벽하게 구축해버렸어요. 그 과정에서 문어발식 경영이니, 사내 정치니 하는 다양한 문제들이 생겼지만 그건 논외로 치도록 해요.

이 시스템의 힘은 놀라워요. 대기업 회장이 구속되어 수감생활을 하더라도 그 기업은 끊임없이 성장하고 돈을 벌어들이죠. 그게 바로 시스템의 힘이에요. 몇몇 사람의 노력과 열정이 아니라, **만들어진 시스템의 흐름이 이윤을 창출하는 시대가** 지금인 거죠.

즉, 이제는 프런티어가 아닌 시스템이 돌아가게 만들 관리자만 있어도 충분하다는 거죠. 기업이 과거처럼 채용규모를 늘리지 않아도 되는 이유는 여기에 있어요. 새로운 시장을 구축하기 위해선 많은 인력이 필요하지만, 기존의 시스템을 유지하는 데는 시스템을 구축하기 위해 필요한 인원에 비해 아주 적은 인원만 있어도 가능하거든요."

"그렇군요. 말씀하신 걸 듣고 보니…"

"자, 여기에 채용시장 전체를 이해할 요점이 숨어 있어요. 한 기업의 회장조차 필요 없을 만큼 고도화된 시스템, 그 시스템을 유지하기 위해 인원을 선발하는 것. 그게 지금 채용시장의 모습이에요. 지금 시대의 채용이란

사람을 뽑는 것이 아니라 시스템의 부품을 뽑는 시대

라는 거죠."

채용은 정형화된 시스템 속에 들어갈
부품을 뽑는 것이다

'시스템 속의 부품' 인간미가 전혀 느껴지지 않는 이 단어에 그는 적잖은 충격을 받았다. 단어 자체로도 그렇거니와 지금까지 단 한 번도 그런 식으로 채용을 바라본 적이 없었기 때문이다. '열정적이고 창의적인 인재' 혹은 '차세대를 이끌어갈 새로운 성장동력원' 혹은 '사람이 최고의 자산이기에, 최고인 당신을 모시고자 합니다' 따위의 늘 접해왔던 말들과 장선생의 말은 너무나도 달랐다. 지금껏 기업이 했던 이야기의 어두운 그림자를 보여주는 듯한 느낌이 들기까지 할 만큼 말이다.

그의 반응을 눈치라도 챈 듯, 장선생은 잠시 그에게 충격을 감당할 수 있는 시간을 주었다. 수초 남짓의 무거운 침묵이 끝날 때쯤 장선생은 말을 이어갔다.

"다시 한 번 정확하게 짚고 넘어갈게요. 연비 씨, 지금 채용시장은 **이미 정형화된 시스템 속에 들어갈 부품을 뽑는 시장**이에요. 제가 연비 씨에게 처음 해야 할 말은 이것이에요. 이해가 되었나요?"

"네, 충격적이긴 하지만 납득이 되는군요."

"좋아요, 그럼 이제 다음 질문을 드리죠. 그렇다면, 부품을 선별하기 위해 제일 먼저 해야 하는 것은 무엇일까요?"

"양질의 부품을 찾는 것 아닐까요?"

"바로 그거예요!"

갑자기 커진 장선생의 목소리에 그는 흠칫 놀랐다.

"바로 그 생각! 그 생각이 취업준비생들 대부분이 가지고 있는 잘못된 생각이며, 그들 대부분이 방향 없는 노력 혹은 무의미한 노력을 하게 만드는 시발점이죠. 부품을 선별할 때 제일 먼저 해야 하는 일은 양질의 부품을 찾는 것이 아니에요.

불량품을 솎아내는 작업

이 먼저죠. **시스템에 들어가는 부품의 1순위는 좋은 부품이 아니라, 불량품이 아닌 부품**이에요. 정교한 시스템일수록 한두 개의 불량품이 시스템 전체에 영향을 주는 법이거든요. 양질의 부품 열 개를 찾아도 한 개의 불량품을 찾지 못하면 그건 시스템적으로 손해라는 거예요. 더욱이 양질의 부품을 가려낸다는 건, 이것저것 견주어 비교해보는 시간이 길어진다는 것, 즉 오랜 시간이 걸린다는 거죠.

반면 불량품은 그것보다 훨씬 쉽게 가려낼 수 있죠. 모가 난 부분한 곳만 찾으면 되니까. 아무리 다른 부분이 훌륭해도 어느 한쪽 부분이 모가 났거나 망가져 있다면 그건 불량품이 되니까요. 시간이 훨씬 적게 든다는 소리지요.”

“불량품을 가려내는 작업이라…”

“이 이야기를 연비 씨가 처음 했던 이야기랑 합쳐볼까요? 많은 사람들이 지원하는데 그 자리는 점점 줄어들기 때문에 취업이 힘들어진다고 했죠? 즉, 지금 채용시장은 열 개의 시스템 부품을 선별하는데 1만 개의 부품들이 자기를 뽑아달라고 아우성치는 형국인 거죠.

이런 상황에서, 과연 부품을 뽑는 사람들은 만 개의 부품을 모두 정성 들여 견주어보며 양질을 찾기 위한 작업을 먼저 할까요? 아니죠. 만 개의 부품에서 불량품을 찾아내는 작업을 먼저 하겠죠. 그럼 그 일을 누가 할까요?”

“그거야, 당연히 채용담당…”

대답하려던 찰나, 문득 어떤 생각이 스치고 지나갔다. 어느 다큐멘터리의 한 장면. 완성된 제품의 불량품을 가려내는 장면이었다. 눈으로 쫓기 힘들 만큼 빠르게 지나가는 레일 위에서 그보다 빠른 손으로 불량품을 기가 막히게 가려내던 노동자. 어떻게 이렇게 빨리 작업할 수 있냐는 말에 웃으면서 했던 그의 말. “생각하고 판단하면 이미 늦어요. 오래 일하다 보면 머리가 아니라 손과 눈이 자동으로 움직여요.” 그때의 장면과 지금의 질문이 다르지 않다고 생각하는 그였다.

"판단할 필요도 없을 만큼 익숙해진 버릇, 즉 패턴과 규칙이 하겠군요."

그의 대답을 예상치 못한 듯, 장선생이 잠깐 놀란 표정을 짓는다. 이내 그의 입가에 미소가 번진다. 예상치 못한 답변이지만 그만큼 이번 상담자는 꽤나 흥미롭다고 생각하며 장선생이 말을 이어간다.

"맞아요. 좀 더 정확히는, 그것 역시 시스템이 하는 거죠. 채용이란 것도 결국 시스템의 부품을 뽑기 위해 만들어진 또 하나의 시스템이니까요. 그리고 이 시스템의 목적은 오직 한 가지예요. 바로

떨어뜨리기

이게 무슨 의미인지 알겠어요? 처음 취업준비생이 취업을 하기 위해 맞이해야 하는 것은 사람이 아니라는 거예요. 바로 시스템, 이 시스템의 목적이 떨어뜨리기라면, 처음 취업준비생이 해야 하는 준비는 붙기 위한 준비가 아니에요. 떨어지지 않기 위한 준비인 거죠.

많은 사람들이 여기서 착각을 해요. 여기서부터 붙기 위한 준비를 하는 거죠. 처음부터 자기를 붙여줄 사람들을 마주하듯, 자기가 붙어야 하는 이유를 설명하고 붙은 사람들의 인터뷰 내용을 찾게 되는 거죠. 자소서를 어떻게든 예쁘게 꾸미려고 하고, 붙은 사람들의 스펙이 정답이라도 되는 양, 생각 없이 그것들을 채워나가려고 노력

하는 거예요.

근데 시스템은 그런 그들의 열망과 노력은 보지 않아요. 먼저 그들이 가지고 있는 변수를 찾아낼 뿐이죠. 변수가 발견되는 순간? 가차 없이 떨어지는 거죠. 그렇게 변수들을 제거하고 떨어뜨리는 작업이 다 끝난 후에, 비로소 붙이기 위한 작업이 들어갑니다. 인사담당자의 의사와 판단이 작용되는 건 이때부터예요."

이 이야기를 꺼내기 위해 지금까지의 이야기를 한 것처럼 장선생은 크게 숨을 골랐다.

"채용시장은 처음부터 두 종류의 싸움이었어요. **떨어지지 않기 위한 싸움과 붙기 위한 싸움.** 그리고 처음 마주하는 싸움은 떨어지지 않기 위한 싸움인 거죠. 따라서 취업을 준비하기 위해서 먼저 염두에 둬야 했던 것은 '어떻게 하면 내가 뽑힐 수 있지' 같은 취업준비생의 입장이 아니라 '어떤 사람이 먼저 걸러지지?'라는 채용담당자의 입장이어야 했어요. 이제 처음 질문이 잘못되었다는 제 말이 이해가 되나요?"

"떨어지지 않기 위한 싸움과, 붙기 위한 싸움… 그리고 처음 준비해야 하는 것은 떨어지지 않기 위한 싸움… 채용담당자의 입장까지, 제가 전혀 생각하지 못했던 사실이네요."

"흑막에 가려져 있었으니까요. 채용시장은 참 재미있어요. 떨어진 사람은 떨어진 이유를 모르죠. 그리고 붙은 사람 역시 자기가 왜 붙었는지 몰라요. 기업은 절대 그것을 공개하지 않으려 하거든요. 채용 역시 큰 틀에서 보면 기업의 브랜드 이미지와 관련 있는데, 그 사실을 공개하면 그 자체로 치부가 될 만한 것들이 많거든요.

결국 답을 공개하지 않는 채용담당자의 발아래에서, 아무것도 모르는 사람들이 서로 얽히고 설켜서 돌아가고 있는 게 지금 시장이에요. 당장 연비 씨가 하고 있다는 취업 스터디만 봐도 답이 나오죠. 아직 붙지도 못한 사람들이 다른 친구들의 자소서를 평가해요. 스펙을 평가하고 피드백을 주죠. 선배 기수들 중 붙은 사람이 있다면 마치 그 사람의 이력서, 자소서, 면접 등 모든 과정이 성공을 위한 기준점인 것처럼 그 길을 똑같이 따라가려 하지요. 정작 붙은 사람은 왜 붙었는지도 모르는데 말이죠.

그러다 보니 어느새 생각 없이 끌려간다는 거예요. 그러니 아무도 이런 생각을 하지 않는 거죠. 취업하고 싶은 사람들이 뽑히기 위해 부정확한 정보들을 조합해 만든 '어설픈 나침반'만을 가진 채 정답이라 믿고 걸어가는 것. 그게 제가 보고 있는 수많은 연비 씨들의 모습이에요."

"말씀을 듣고 나니, 제가 정말 아무것도 몰랐다는 생각이 드네요. 취업이 누구보다 간절하다고 입버릇처럼 말해놓고선 제대로 취업을 보려 하지도 않았다는 생각도 들고요. 그럼 선생님은 채용 전체에 대한 정답을 알고 계신 건가요?"

"채용 전체라… 연비 씨, 이렇게 질문드려보죠. 50억 인구의 공통

점은 뭐죠?"

"음… 사람이라는 것? 물론 이런 대답을 원한 건 아니시겠지만…"

"50억 인구의 공통점을 찾으라고 하면 그 대답은 아주 큰 개념이거나 추상적일 수밖에 없어요. 채용 전체에 대한 정답을 말해달라는 질문도 이와 별다를 게 없는 거죠. 기업의 크기로는 중소기업, 중견 기업, 대기업. 그리고 기업의 종류로는 공기업, 사기업. 거기에다가 해당하는 직업의 직무는 수천 가지. 이 모든 것들에 통용되는 정답이란 건 결국 모호하거나 추상적일 수밖에 없다는 소리예요."

"… 그런가요?"

"그리고 질문 자체가 크게 의미가 없어요. 연비 씨는 대한민국의 모든 기업에 합격하고 싶으신 건가요?"

"그건 아니지만, 취업이라는 것, 그 자체에 대해 알고 싶다는 욕심은 있습니다. 선생님을 뵙게 된 것도, 시작은 그 욕심 때문이었으니까요."

"그 욕심 때문이라 함은…?"

"그러니까, 그게…"

연비는 장선생에게 자신이 '취업이라고 하는 것'을 알고 싶다고 느끼게 된 계기를 설명했다. '궁금한 것은 어떻게든 아는 것' 특기란에 적었던 그 한마디로부터 출발했던 그간의 이야기들을 말이다. 이야기를 들은 장선생은 한참을 생각에 잠겼다.

여담이지만, 처음에 연비는 장선생에게 그저 상담을 요청해오던 취업준비생 중 하나였을 뿐이었다. 당연한 이야기다. 지금까지의 연비에게 취업에 대한 정보가 없었듯, 그에게도 연비란 인물의 정보가 없었으니까. 대략의 정보를 파악하게 된 지금, 그는 생각에 잠겨있다. 작은 질문 하나를 이렇게까지 파고드는 집중력, 즉시 실행하는 실행력, 패턴과 규칙이 정한다는 대답에서 엿볼 수 있는 사고력까지. 아주 오랜만에 발견한 '인재'의 가능성을 본 것이다. 장선생이 생각하는 거대한 프로젝트에서 쓰일만한 인재.

이런 연유로 장선생은 그를 단순히 일회성 피상담자로 볼 것인지, 아니면 육성해야 할 하나의 부품으로 볼 것인지 고민하고 있다. 그의 고민을 눈치라도 챈 듯, 연비는 침묵을 기다릴 줄 알았다. 꽤나 오랜 시간이었음에도 그는 되묻지 않고 그저 그 고민을 함께할 것처럼 침착함을 유지하고 있었다.

이 작은 행동 하나는 균형을 잡고 있던 장선생의 고민의 추를 먼저 움직이게 만들었다. 쉽게 달려들지 않는 인내심까지, '그래, 이 사람이라면 가능할지도 모르겠다'라고 생각을 마친 장선생이 대화를 이어나간다.

"무엇을 줄 수 있죠?"

"네?"

"만약, 제가 연비 씨에게 채용의 모든 것을 알려주면, 연비 씨는 제게 무엇을 줄 수 있죠?"

"아, 컨설턴트 비용을 말씀하시는 거라면…"

"하하, 아니에요. 아직 경제활동도 시작하지 못한 학생에게 돈을 받을 만큼 궁핍하지도 않거니와, 개인을 대상으로 하는 교육은 손 놓은 지 한참 됐어요. 저는 금액의 이야기가 아니라, 가치의 이야기를 하고 있는 거예요. 인생은 기브앤테이크니까. 제가 만약 연비 씨가 원하는 가치, 즉 채용이란 것의 전부를 알려주면 연비 씨는 제게 어떤 가치를 줄 수 있냐를 묻는 거예요. 확실한 건, 저는 연비 씨가 원하는 것을, 누구보다 가장 정확하게 줄 수 있는 사람이라 자부해요. 어찌 되었건 지금 채용시장의 시작엔 제가 있었으니까요."

"음… 솔직히 그 가치가 무척 매력적이란 생각이 드는 동시에, 그 가치를 대체할 만한 가치가 제게 있는지 의구심이 드는군요."

"제가 너무 짓궂었나 보네요. 연비 씨가 괜한 고민하지 않게, 그럼 제가 제안을 할게요. 연비 씨가 줄 수 있는 가치를요."

"그게 뭔가요?"

"연비 씨가 원하는 취업시장, 즉 채용에 대한 모든 것들을 알려드릴게요. 그 대신 제가 원하는 것은, 언제가 되었든 취업을 하게 되었을 때 제가 구상하고 있는 프로젝트의 일원이 되어주실 수 있겠어요?"

"프로젝트… 요?"

"아직 자세히는 말해줄 수 없지만 저 역시 하나의 시스템을 구축하고 있어요. 채용시장이라는 공개될 수 없는 거대한 비밀시장과 취준생 개개인의 싸움은 너무 불공평하다고 생각하고 있거든요. 채용시장이라는 시스템과 취준생 개개인을 대등한 싸움으로 몰고 갈 수 있는 시스템, 그걸 구상 중이에요. 그 시스템에는 역시 부품이 필요하고요.

솔직히 연비 씨에겐 양질의 부품이 될 수 있는 가능성이 보여요. 저는 그 가능성에 투자하고 싶고요. 제가 줄 수 있는 것은 연비 씨가 알고 싶어 하는 채용시장의 거의 모든 것들이에요. 연비 씨에게 원하는 건, 그 시스템을 온전히 이해하고 나서 훗날 제가 만들 프로젝트에 한 역할을 맡아달라는 거고요. 물론, 그 역할은 연비 씨가 직장생활을 하면서도 충분히 할 수 있을 정도의 일이고, 노동에 대한 대가 역시 만족할 만큼 나갈 거예요."

"언뜻 보면 제가 손해 볼 것이 전혀 없는 거래인 것 같은데요."

"… 양질의 부품을 찾는다는 게 생각보다 쉬운 일은 아니거든요. 그게 아니었기에 만들었던 채용시장이었고요."

"네?"

"아, 아니에요. 이건 혼잣말. 아무튼 어때요?"

"해볼게요. 제겐 아주 괜찮은 조건이고, 좋은 기회인 것 같습니다."

"좋아요. 그럼 오늘은 여기까지 대화하는 걸로 할까요? 앞으로 음… 3주 정도가 되겠군요. 매주 금요일 만나는 걸로 하죠. 그리고 매주 만나기 전에는 연비 씨에게 특정한 과제가 나갈 거예요. 그 과제를 수행하고 결과에 대해 이야기하는 것으로 채용을 알아갈 거예요. 머리로 아는 것만큼이나 몸이 기억하는 것도 중요하니까요.”

“네, 알겠습니다.”

“뭐, 이번 주부터 바로 시작하죠. 이번 주 금요일 제 회사에서 만나죠. 이번 주에는 과제 없이 시작할게요. 아무래도 처음이니까요.”

장선생과 헤어지고 난 후 돌아오는 길에 연비는 문구점에 들렀다. 그리고 품 안에 넣고 다닐 수 있는 작은 노트 한 권을 구매했다. 앞으로 그가 겪게 될 일들의 핵심을 정리하기 위함이었다. 쓰는 것이 사라진 시대, 아주 오랜만에 구매한 쓰기 위한 도구들이 다소 낯설다. 첫 페이지를 펼치고 거기에 오늘 배운 하나의 문구를 적었다.

채용은 사람을 뽑는 것이 아니라 시스템을 뽑는 것이다.

게임을 해도 이렇게 무식하게는 안 할 거예요.

게임을 해도 매뉴얼을 보고 시작하는데, 이건 자기 인생이잖아요.

취업준비생이 힘든 건 저도 안타깝게 생각하지만,

그 친구들이 떨어졌다고 세상을 탓할 만큼 진짜 노력을 했느냐?

최소한 이력을 쌓을 때나 자소서를 쓸 때

우리 회사에 대해서, 지원한 직무에 대해서 공부를 했느냐?

그렇지 않은 친구들이 정말 많거든요.

취업이 힘든 건 맞는데, 그렇게 힘들게 준비하는지는 잘 모르겠어요.

_E기업 인사담당자

stage ONE

떨어지지 않기 위한 싸움

이력서 / 자기소개서 / 인적성검사

CHAPTER 1
이력서는 과거를 근거로 찍는 낙인이다

저희 회사 입사경쟁률이 200대 1이에요.

100명 뽑는다고 하면 2만 명이 지원한다는 얘기예요.

자소서를 볼 사람은 10배수로 정하는데, 100명에 10배수면 1,000명입니다.

그 얘기는 뭐냐 하면, 1만 9,000명을 떨어뜨려야 한다는 얘기예요.

아니, 2만 명의 자소서를 어떻게 다 봐요?

그건 미친 짓이잖아요. 걸러내야 되잖아요.

뭐로 날려요? 이력서죠. 그 사람들의 자소서는 볼 필요도 없다는 거죠.

_K기업 인사담당자

기업은 어떤 부품을
필요로 하는가?

"회사 이름이 조금 특이하네요. '창.진.방'이라… 무슨 무협소설에
나오는 문파 이름 같아요."

첫 번째 금요일. 장선생의 회사 회의실에 앉아 긴장을 풀기 위해
연비는 가벼운 이야기로 대화의 포문을 열었다.

"하하, 그렇게 보는 사람들이 의외로 많네요. 제가 무슨 무협 마니
아여서 이런 이름을 만든 건 아니고요. '창과 진짜 방패'라는 뜻이에
요. 모순율이라고 하는 걸 아나요?"

"중국 고사에 나오는 이야기 아닌가요? 무엇이든 뚫을 수 있는 창
과 무엇이든 막을 수 있는 방패, 양립할 수 없는 두 가지 사실을 설
명할 때 쓰는 용어로 알고 있습니다."

"맞아요. 저는 그 모순율이 지금 채용시장의 모습이 아닌가 생각
해요. 어떻게든 떨어뜨리려고 하는 채용담당자와 어떻게든 붙으려
고 하는 취업준비생. 그들을 떨어뜨리기 위해 채용담당자들은 수많

은 창들을 만들어내고 있죠. 스펙의 다양화, 기준의 다양화, 인적성 시험, 수많은 면접까지. 그 창은 늘 취준생들의 허점을 노려요. 조금이라도 허점을 보이는 순간, 그 창은 여지없이 공격해오고, 공격 받은 자들은 힘없이 떨어져 나가죠.

전 그런 생각을 했어요. 그런 그들에게 어떤 창도 막을 수 있는 진짜 방패를 만들어주고 싶다. 모순율의 싸움에서 이길 수 있는 방패를 개개인에게 선물해주고 싶다. 뭐 그런 의미로 지은 이름이에요."

"… 멋지네요."

"물론, 그런 방패를 모두가 가진 날이 올 수는 없겠지만, 설사 그 날이 온다고 하더라도 채용담당자들은 또 다른 창을 어떻게든 만들어내겠지만, 뭐 채용담당자들의 머리를 아프게 만드는 것만으로도 통쾌하지 않겠어요? 걔들은 늘 연비 씨 같은 사람들 머리 아프게 만드니까요."

"채용담당자들을 싫어하시나 봐요?"

"싫어하긴요. 제가 그들을 만들었는걸요. 다만, 지금의 채용담당자들의 태도가 마음에 들지 않을 뿐이에요. 너무 포장을 많이 했어요. 너무 가짜를 늘어놓았어요."

"…"

"뭐, 그 이야기는 나중에도 할 수 있으니, 우리 목적에 부합하는 이야기를 이제 시작해보죠. 채용에 대해 이야기해볼게요. 기업은 왜 시스템을 통해 사람을 뽑으려고 할까요?"

“시스템을 돌리기 위해서라고 말씀하셨죠.”

“그럼, 왜 시스템을 돌려야 하는 걸까요?”

“음…”

“기업이 시스템을 돌리는 이유는 단 한 가지예요. 그건 교과서에서 배운 기업의 존재 목적과도 일치하죠.”

“이윤창출이군요.”

“맞아요. 이윤창출이에요. 누구나 아는 내용이죠. 기업은 이윤창출을 목적으로 하는 단체죠. 그 단체에서 이윤창출을 하기 위해서는 시스템이 돌아가야 하고, 그 시스템을 돌리기 위해서 사람을 뽑아요. 기업이 왜 사람을 뽑을까? 역으로 추론하면 결론은 하나에요. 이윤을 창출하기 위해서 사람을 뽑는 거죠. 그렇다면, 기업은 어떤 사람을 뽑고 싶어 할까요?”

“… 기업에 이윤을 창출시켜주는 사람이 되겠군요.”

“이제야 제대로 된 답이 나오는군요. 맞아요. 한마디로 기업은 ‘회사의 성과에 기여할 수 있는 인재’를 뽑으려고 해요. 다양한 채용 시스템을 통해서 검증하는 가장 큰 한 가지, 아니 어쩌면 이것 하나만을 판단하기 위해 모든 과정을 진행한다고 해도 과언이 아닌, 그 한 가지는 바로 ‘성과 가능성’이에요.

성과 가능성을 정확히 판단하기 위해 기업은 세 가지 정도의 기준을 만들었죠. 결국, 기업이 채용의 각 전형별 과정을 통해 보고자 하는 것은 ‘회사의 성과에 기여할 수 있는 인재’라는 이름으로 판단되어지는 세 가지 항목인 거죠."

"그 세 가지란 무엇인가요?"

"성과를 내기 위해서 가장 많이 보는 것은 '직무 적합성'입니다. 일을 할 사람을 찾는 것이기에, 당연히 그 일을 잘 하는 사람을 뽑으려고 하겠죠. 그건 곧 '직무역량'을 의미합니다. 두 번째는 '조직 적합성'을 봅니다. 조직에서 하는 대부분의 일은 혼자 하는 것이 아니죠. 그렇기 때문에 일을 잘하기 위해서는 함께 일을 할 수 있는 팀워크도 필요합니다. 그걸 '협업역량'이라고 해요. 조직생활을 잘할 수 있는 성향과 태도가 있는지를 보겠죠. 마지막으로 '기업 적합성'입니다. 일을 잘하고 조직생활도 잘하는 사람이라 하더라도, 우리 회사의 성향과 맞지 않아 오래 있지 않을 사람이라면 뽑아선 안 되니까요. 흔히, '회사 로열티'라고 합니다. 그걸 쉽게 그림으로 설명하면 다음과 같아요."

3순위 기업 적합성(기업 로열티)
- 인재상, 지원동기
- 기업/산업 관련 지식 및 트렌드

2순위 조직 적합성(협업역량)
- 팀워크, 커뮤니케이션
- 조직 경험 및 이해

1순위 직무 적합성(직무역량)
- 직무역량, 직무 경험
- 직무 태도, 직무 관심

"다시 말씀드리면, 기업이 채용하고 싶어 하는 인재의 조건은 직무 적합성, 조직 적합성, 기업 적합성 이 세 가지예요. 이 세 가지를 기업마다 나름의 기준으로 항목화해 평가합니다. 달리 이야기하면, 이 세 가지를 제대로 보여줄 수만 있다면 그 사람은 합격할 확률이 크다는 거죠."

"그렇군요. 결국 일 잘하고, 함께 일할 맛나고, 오래 다닐 사람을 뽑는다는 거네요."

"그렇죠. 결론은 평이해 보일 수 있으나 그 과정은 복잡한 것, 그게 채용입니다. 지금부터 그 과정을 하나하나 살펴볼 거예요. 가장 먼저 살펴볼 것은 이력서입니다."

연비는 메모장을 펼쳐 아직은 그 중요성을 다 이해하지 못했지만, 어쩌면 취업에 있어 전부라고 할 수 있는 세 가지를 적었다.

잘 하는 것, 잘 어울리는 것, 그리고 사랑하는 것

불량품을 거르는
첫 번째 테스트, 이력서

"채용시장은 결국 두 가지 싸움터로 나뉘어져요. 떨어지지 않기 위한 싸움과 붙기 위한 싸움. 이 두 가지 싸움터 중 먼저 겪어야 하는 것은 떨어지지 않기 위한 싸움이에요. 그 싸움을 결정짓는 것이 이력서와 자소서 그리고 인적성이죠."

"흔히들 말하는 면접 전까지의 과정이군요."

"맞아요. 아, 여기서 자소서는 조금 특이한 항목이긴 해요. 떨어지지 않기 위한 싸움에도 쓰이지만, 붙기 위한 싸움에도 중요한 자료로 쓰이니까요. 그래도 일단 기본적인 구조를 전자로 가지고 가는 편이 이해하기 편할 거예요. 구조에 대한 이해는 되었나요?"

"네, 알기 쉽게 정리해주셔서."

"자, 그럼 첫 번째 질문. 떨어지지 않기 위해서 제일 먼저 해야 하는 작업이 무엇일까요?"

"음… 떨어질 이유를 없애는 작업 아닐까요? 떨어뜨린다는 건 그때 선생님의 말씀처럼 허점을 발견하는 작업이니까요."

"정확히 기억하고 있네요. 훌륭해요, 맞아요. 떨어질 이유를 없애는 작업이에요. 그 작업을 변수를 없애는 작업이라고 해보죠. 우리가 알아야 하는 채용시장의 첫 걸음은 변수를 없애는 작업이에요. 이를 위해 처음 마주하는 것이 이력서이고요."

"결국은 스펙을 기준으로 선별한다는 이야기네요."

"대부분의 사람들은 스펙이란 단어를 싫어해요. 스펙보단 열정을 봐야 한다, 가능성을 봐야 한다고 이야기하죠. 아주 웃기는 소리예요. 채용이란 기업의 입장에서 일종의 투자입니다. 부품이 될 가능성을 뽑아놓고, 부품 역할을 제대로 수행하기 전까지 많은 시간과 비용을 들이죠. 미래만 보고 투자하는 투자자는 거의 100퍼센트 망해요. 그런 투자자는 없어요. 미래를 보기 전까지 투자 항목의 과거를 보는 거죠. 과거는 거짓말을 하지 않고, 무엇보다 바뀌지 않으니까요.

이력서는 결국 그 사람의 과거예요. 우리 같은 채용담당자들은 그들의 과거 행동이 미래에도 이어진다는 관점에서 평가하는 거죠. 사람은 쉽게 변하지 않으니까요. 취준생들이 이걸 싫어하는 이유는 단순해요. 보여줄 만한 과거가 없거든요. 과거가 없으니 미래에만 매달려요. 열정과 가능성을 이야기하죠. 자기는 잘할 수 있다고, 자기는 숨겨진 재목이라고 말이죠. 되묻고 싶네요. 그럼, 그렇게 잘할 수 있는데 왜 지금까지 아무것도 안 한 거죠?"

"… 부끄럽네요."

"제가 약간 흥분을 했네요. 그런 사람들을 보고 있으면 조금 화가 나서요. 아무튼, 이력서를 통해서 기업은 불량품 거르기의 첫 번째 작업을 시작해요. 다르게 이야기하면, 취준생의 입장에서 변수 없애기의 첫 번째 작업은 이력서부터 출발해야 한다는 거예요."

필터링에는 사람의 판단이
포함되지 않는다

"자, 두 번째 질문. 기업은 이력서를 어떻게 볼 것 같나요?"

"특정한 기준을 정해놓고 당락을 빠르게 결정하지 않을까요? 마치 공장에서 최종 완성품이 지나갈 때 빠른 속도로 불량품을 솎아내는 작업처럼요."

"재미있는 비유네요. 반은 맞고 반은 틀렸어요. 빠르게 솎아내는 작업을 하긴 하죠. 하지만 그 일을 사람이 하진 않아요. 전문 채용 프로그램이나 엑셀을 돌리는 거죠."

"… 엑셀이요?"

"필터링 시스템이라는 거예요. 많은 사람들이 기업이 필터링을 한다는 사실은 인지하고 있지만, 그걸 시스템이 하기도 한다는 건 인지를 못 하고 있더라고요."

"저도 대충은 들었지만 그 정도일 줄은 몰랐네요."

"모든 기업이 그렇게 한다는 것은 아니지만, 사람들이 간절히 가고 싶어 하는 대기업들은 그런 경우가 많죠. 너무 지원자가 많으니까요. 또한, 모든 기업들이 시스템을 돌리는 건 아니지만, 시스템을 돌리지 않는 기업들도 기준을 만들고, 그 기준을 조합해서 총점을 매겨 바로 바로 솎아내요. 즉,

이력서의 처음은 글자가 아닌 숫자에 의해 결정된다

는 거죠.”

다소 충격을 받은 연비의 표정에 아랑곳하지 않고 장선생은 말을 이어나갔다. 좀 더 구체적인 사례를 들어 충격을 확신으로 바꾸자는 생각을 하며.

“조금 더 구체적인 예로 설명해볼게요. 대부분의 기업들이 중앙일보 대학평가와 대학별 수능 점수를 참조해서 학벌을 4~7등급으로 구분하고 있어요. 4등급을 살펴보면 1등급은 스카이, 카이스트, 포항공대, 2등급은 서성한중경외시, 3등급은 인서울 중위권 대학 그리고 지방 국립대, 4등급은 지방 사립대로 나누죠. 7등급은 그 기준을 좀 더 세분화한 거죠.

거기에 토익 점수 역시 등급을 나눠요. 학점도, 자격증도 마찬가지예요. 모두 등급을 나누죠. 그리고 나누어진 등급에 점수를 부과하고 이를 데이터로 엑셀표에 집어넣어요. 일정 점수를 설정하고 필터링을 하면, 짠. 수천 명의 지원자가 점수별로 정렬이 되요. 거기서

마지노선을 정하면 되는 거예요. 5배수, 10배수 이렇게요."

"조금 충격적이네요."

"아직 충격 받기엔 이른데, 조금이라니 그나마 다행이에요. 어떤 기업들은 필터링을 그냥 학벌로 정해버리는 경우도 있어요. 일정 등급의 대학교가 아니면 무조건 커트해버리는 거죠. 커트하고 난 뒤, 남은 지원자들의 다른 이력들을 점수를 매겨 걸러내는 거죠. 이런 기업도 있어요. 이력서 점수의 총합이 100점인데, 학생들이 바꿀 수 없는 학교와 학과의 점수가 70점인 거죠. 나머지 모든 이력의 총점이 30점밖에 되지 않는다는 거예요.

이게 얼마나 무서운 이야기냐 하면, 결국 학벌 외의 나머지 이력에서 만점을 받는다고 해도 자신의 대학이 학벌등급표에서 가장 낮은 점수를 받는 대학이라면 서류 통과 자체가 힘들다는 거예요. 이런 기업의 경우는, 나머지 이력이 아무리 훌륭해도 소용없는 거죠. 학벌로 결정이 되어버리니까요."

"그건 너무나 가혹한 것 아닌가요?"

"뽑는 입장이니까요. 결국, 그들이 갑이니까요. 또한, 그들의 판단은 대학교에 들어오고 나서 했던 4~6년간의 노력보다 대학교를 들어가기 위해 노력했던 12년간의 노력에 좀 더 가중치를 두는 것이니까요. 실제로 지원자 모두가 친 유일한 시험은 수능뿐이거든요."

"그럼, 대학교에 들어올 때부터 이미 채용의 당락은 결정된 것이나 다름없는 거네요."

"아, 제가 너무 부정적인 부분만 이야기를 했네요. 그런 기업들도 있다는 거예요. 하지만 대부분의 기업들이 그 정도는 아니에요. 그러니 너무 실망할 필요는 없어요. 제가 하고자 하는 말의 핵심은 '기업이 학벌로만 사람을 뽑는다'가 아니라, 이 정도까진 아니어도 대부분의 기업이 처음 이력서를 받으면 '자동 필터링을 통해 1차 선별작업을 한다'는 거죠. 여기엔 사람의 주관이 아닌, 오직 규칙과 법칙만 작용하기 때문에 재고의 여지가 없어요. 이 말은, 자신이 가진 스펙이 1차 필터링도 못 통과할 정도라면, 그 뒤에 어떤 노력도 의미가 없다는 거죠."

"1차 필터링의 기준이 무엇인가요?"

"혹시, 이력서를 제출해본 적이 있나요? 제출했다면 다음 문구가 눈에 익숙할 거예요."

지원자격

- 공인 영어 말하기 성적을 보유한 자(직무별로 다름)
- 전 학년 성적 평균이 B학점 이상인 자(4.5만점 환산 시 3.0 이상)

"이 지원자격을 공시한 이유는 지원자격에 해당하지 않는 사람은 바로 필터링한다는 뜻이에요. 학점 3.0 이상, 일정 점수 이상의 영어 말하기 성적을 보유해야 한다는 거죠. 이 기준을 충족시키지 못하면 지원서를 100번 내더라도 인사담당자의 눈에 들지조차 못할 거예요. 그전에 걸러질 테니까요.

　이력서를 준비하는 데 가장 중요한 첫 번째는, 바로 이 최소한의 지원자격을 갖추는 거예요. 그게 곧 기업에 지원할 수 있는 마지노선이니까요. 물론, 학점이 2.7인 친구가 대기업에 갈 수도, 영어 말하기 성적이 없는 친구가 좋은 기업에 취업할 수도 있죠. 하지만, 그 친구들은 그만큼 취업의 문이 좁아진다는 것을 명심해야 해요. 왜냐하면 대부분의 기업이 앞서의 지원자격 정도는 요구하거든요. 시스템으로 필터링하는 최소한의 기준인 거죠.

　지원자격을 갖춘다면, 기업의 서류전형 관문 첫 번째를 통과할 수 있다는 거죠. 이걸 하고 난 뒤에 기업은 살아남은 자들을 대상으로 2차 선별에 들어갑니다. 그 과정에서 중요한 건…"

"잠시만요, 지금까지의 내용을 정리하고 가고 싶은데 괜찮을까요."

"아, 그래요? 좋아요. 정리해요"

　새로 산 노트를 펼친 그는 바쁜 손으로 방금 들었던 이야기의 핵심을 적는다.

하나, 시스템으로 필터링되지 않을 최소한의 지원자격은 갖추어야 한다.

　그 모습을 바라보는 장선생의 표정에는 미소가 담긴다. 자신이 사람을 제대로 봤을 거라는 확신이 어느 정도 들기 시작한 미소였다. 받아적기가 끝나자, 그는 계속 말을 이어나간다.

질문 대기업 서류전형 통과를 위해 어느 정도 스펙을 쌓아야 하는가?

지원자격을 위한 최소 스펙

- 인문계: 학점 3.5 이상, 토익 스피킹 6급, 토익 점수 700점 이상
- 이공계: 학점 3.0 이상, 토익 스피킹 5급, 토익 점수 600점 이상

기본 스펙

- 인문계: 학점 3.8 이상, 토익 스피킹 7급, 토익 점수 800점 이상
- 이공계: 학점 3.5 이상, 토익 스피킹 6급, 토익 점수 700점 이상

안전 스펙

- 인문계: 좋은 학벌, 학점 4.0 이상, 토익 스피킹 7급, 토익 점수 900점 이상
- 이공계: 주요 학과, 학점 3.8 이상, 토익 스피킹 6급, 토익 점수 800점 이상

답변 모든 기업의 서류 평가 기준이 같지는 않기에 명확한 답은 없지만, 대략 이 정도는 필요한 거 같아요. 학생들 입장에서도 아무런 기준이 없는 것보다는, 어느 정도 기준이 있는 게 나을 테니까요.

답변 학점과 영어는 기본 이상은 돼야 해요. 그게 안 되면 성실성에 문제가 있다고 봐요.
사실, 인사담당자가 보는 기준에서는 기본 스펙 정도면 충분하고, 그 기준점 이상이면 정말 신경 쓰지 않아요. 문제는 사람들의 스펙이 워낙 좋다보니까 종합 점수

로 밀기 시작하면 뒤로 밀려버린다는 거죠. 스펙 안 본다는 얘기는 이제 그 정도 선이 되어버렸다는 거예요. 우리가 공표하는 스피킹은 5급 이상인데, 실제로 5급인 애들이 뽑히냐? 한 명도 없진 않지만 살아남기 힘들죠.

인사담당자들 다 같이 피를 토하면서 하는 말은, 제발 토익 공부 좀 그만하고 영어회화 공부를 했으면 좋겠다 거든요. 토익이 쓸데가 없어요. 안 보는 회사도 많고요. 근데 토익을 보는 회사는 900점 정도는 돼야 해요. 900점이 아니면 안 뽑는 게 아니라, 900점 이상이 너무 많아서요.

답변 학교가 좋지 않은 친구와 인문계는 스펙이 좀 더 높아야 해요. 기업에서 인문계 수요 자체가 작다 보니 고스펙밖에 살아남을 수가 없는 거죠. 인문계는 이공계에 비해 확실히 학교도 많이 보는 편이고요. 또한, 사람들이 가고 싶어 하는 직무는 TO가 작은데 지원자가 많기 때문에 고스펙이에요. 그런 쪽에 지원한 친구들은 서울대를 나와도 쉽지 않다는 사실을 알아야 해요. 사람들이 좀 하기 싫어하는 직무는? 당연히 스펙도 낮을 수밖에요.

❊ 6
8대 스펙에 관한 오해

"자, 이야기를 계속 이어나가 보죠. 이렇게 최소한의 기준을 잡고 대부분의 기업은 1차 필터링을 합니다. 그리고 남은 서류를 가지고 2차 랭킹작업을 통해 한 번 더 필터링을 하죠. 그럼, 이때 기업이 랭킹작업을 하기 위해 보는 것들은 어떤 것들이 있을까요?"

"뭐, 인턴십, 자격증, 공모전 이런 것들이 아닐까요? 1차 필터링에서 살아남았다고는 하지만, 살아남은 이력서들끼리도 등급은 분명 있을 테니까요. 처음 봤던 학교, 학점, 어학 성적도 역시 볼 것이고, 이젠 어학연수나 봉사활동 같은 것들도 보겠죠."

"맞아요. 쉽게 말해, **기업은 취준생들이 보길 원치 않는 모든 것들을 다 본다** 정도로 정의할 수 있을 거예요. 사실, 보지 않길 원한다는 것 자체가 어떻게 보면 이미 합격하기엔 한참 부족하다는 뜻일지도 몰라요. 보길 원하지 않는다는 것은, 다르게 말하면 그걸 가지지 못했다는 말이 되죠. 학벌을 보지 말라고 말하는 학생들은 좋은 학벌을 가지지 못했죠. 어학 성적을 보지 말라고 하는 학생들은 좋</p>

은 어학 성적을 가지지 못했고요.

자기가 가지지 못한 것들을 보는 것을 불공평하다고 말하는 태도

이미 거기에서 불량품의 요건은 충분한 거예요."

"저도 그 생각에 일부 동의해요. 분명 그런 스펙을 가지기 위해서 많은 노력을 했을 텐데, 그 노력을 하지 않은 사람들이, 노력 자체를 부정하는 행위는 오히려 역차별이라고 생각해요."

"좋은 자세예요. 그런 스펙을 가지기 위해 했던 노력이라… 좋아요. 거기서 이야기를 이어나가 보죠. 이력이라고 하는 것은 과거예요. 과거는 현재의 노력 없이는 만들어지지 않아요. 그래서 이력을 채우기 위해서는, **과거를 만들어가기 위해서는, 시간과 비용투자라는 현재의 노력이 필요**해요. 많은 취준생들이 그 노력을 지금도 현재진행형으로 하고 있고요. 그런데 나는 그 모습을 보고 있노라면 눈 가린 망아지가 생각나요. 그게 무슨 말인지 알겠어요?"

"눈 가린 망아지라… 언뜻 와 닿지 않는 걸요."

"모든 작업에서 중요한 건 방향과 속도, 이 두 가지예요. 취준생의 노력에는 속도는 있지만 방향이 없다는 느낌을 자주 받아요. 방향 없이 무작정 속도만 내고 있는 느낌이랄까, 그래서 눈 가린 망아지마냥 날뛰긴 하지만 나아가진 못하고 있는 거죠."

"방향이라는 것은 구체적으로 어떤 의미를 말하는 거죠?"

"물어볼게요. 이력의 가중치에 대해서 생각한 적이 있나요?"

"이력의 가중치요?"

"기업은 이력서를 보고 불량품을 솎아냅니다. 이건 몇 번이나 이야기를 한 내용이에요. 그럼 당연히 불량품을 솎아내는 기준점도 있지 않을까요? 그 기준점이 모두 동일하지는 않을 거잖아요. 그걸 생각해본 적이 있냐는 거죠."

"흔히 말하는 8대 스펙이 중요한 것 아닌가요? 학교, 학점, 어학성적, 자격증, 인턴십, 공모전, 어학연수, 봉사활동까지."

"바로 거기에, 방향성을 잃게 만드는 주요한 요인들이 숨어 있어요. 8대 스펙이라는 단어에서 말이죠."

뜻밖의 대답에 다소 당황한 그의 표정을 뒤로 한 채, 장선생은 이야기를 이어나간다.

"말이라고 하는 건 참 무서워요. 언어로 규정짓는 순간, 그게 참이든 거짓이든 진실이 되어버리거든요. 블로그에 소개된 대한민국 5대 짬뽕집이 순식간에 회자되어 지금 그 짬뽕집들은 두 시간씩 사람들이 줄을 서서 기다린다고 해요. 웃긴 건, 그 시작이 한 명의 블로그 리뷰였을 뿐인데, 누구도 거기에 대한 진위여부를 파악하지 않고 퍼 날랐다는 거죠.

8대 스펙도, 누가 이야기했는지는 모르지만, 어느새 취준생들 사이에서는 진리인 것처럼 받아들여지고, 그것들을 갖추기 위해 달리고 있어요. 그러는 사이 누구도 진짜 중요한 이 질문을 하지 않고 있다는 거예요.

과연, 기업은 8대 스펙을 다 보는가?
본다면 무엇을 가장 중요하게 생각하는가?

그게 제가 말하고자 하는 이력의 가중치인 거죠. 한 번이라도 그걸 궁금해한 적은 있나요? 그게 궁금하다면, 인사담당자들에게 직접 물어본 적은 있나요?"

"… 아뇨, 없습니다. 스펙에 대해 생각한 적은 있지만, 그걸 물어본 적은…"

"바로 그거예요! 방향 없는 노력. 저 스펙 하나하나를 갖추는 데 드는 시간은 어마어마할 거예요. 그 어마어마한 시간을 절실하다는 이유로 투자하면서도 이 질문을 하지 않는 거죠. 과연 저걸 다 볼까? 본다면 무엇을 더 중요하게 생각할까?"

"그걸 안다면, 우선순위를 정하고 중요한 것들을 먼저 준비할 수가 있겠군요. 한정된 시간 안에 모두 준비할 수 없다면 시간 배분에도 유리할테고요."

"그렇죠. 애초에 본인들이 선별 당하는 입장임을 명심해야 해요. 취준생의 절실함과 노력 같은 마음을 알아달라 외치기 전에, 뽑히는 입장에서 뽑는 사람의 마음을 알려는 노력이 선행되어야 한다는 거죠."

"듣고 보니 맞는 것 같습니다. 그럼 기업의 가중치는 어떤가요? 그것 역시 기업마다 다른가요?"

"당연히 기업마다, 직무마다 보는 것이 다 다르겠죠. 하지만, 어느 정도 일반적인 기준은 있기 마련이에요. 처음에 '이력서의 처음은 글자가 아닌 숫자에 의해 결정된다'고 했죠. 그 뜻은 이력서의 이력을 계량화한다는 뜻이거든요. 그렇다면, 여덟 가지 스펙 중 객관적으로 계량화할 수 있는 척도는 뭐겠어요? 바로, 학교(학과), 학점, 어학 성적, 자격증이에요. 누군가의 주관이 들어갈 여지없이, 취준생이 이력서에 체크하는 순간 바로 숫자로 바뀔 수 있는 부분이잖아요. 저는 이게 기본 스펙이라고 생각해요."

"학교(학과), 학점, 어학 성적과 자격증을 우선시한다는 거군요."

"맞아요. 8대 스펙, 8대 스펙이라고 이야기하지만 기업은 우선 위의 것들에 가중치를 두고 본다는 거죠. 때문에 가장 먼저 준비해야 하는 것들은 위의 조건들을 충족시키는 것이어야 합니다."

"네, 알겠습니다."

연비는 서둘러 노트를 꺼내 또 한 줄의 법칙을 정리해나간다.

둘, 8대 스펙이라고 다 같은 스펙이 아니다.
기업의 눈으로 채용을 봐야 한다.

"하지만 지금 채용시장이 워낙 치열하게 흘러가다 보니 지원자들의 스펙들이 날이 갈수록 상향평준화되고 있어요. 과거 비중치를 뒀던 저 항목들도 변별력이 떨어지고 있는 것이 현실이죠. 그러다 보니 기업은 새롭게 변별력을 가질 만한 항목을 설정했고요."

"그게 뭐죠?"

"직무경험이라는 거죠."

기본기 위에 갖춰야 할
단 하나의 무기

"앞서 말한 전통적 관점의 항목들은 변별력이 사라졌다고 생각하면 돼요. 달리 말하면, 이것들은 이젠 기본적으로 갖추어야 한다는 이야기죠. 다음으로 보는 것이자, 요즘 기업에서 가장 원하는 스펙 중 하나가 인턴십이나 계약직 같이 직접 일을 해본 경험이에요. 직무경험이라고 하는 것이죠."

"직무경험이라…"

"그 외 남은 것은 계량화하기 힘든 공모전, 어학연수, 봉사활동 등이죠. 수많은 공모전과 봉사활동을 다 찾아서 이력서 폼에 넣을 수도 없을뿐더러, 각자가 한 활동을 객관적인 점수로 만드는 거 자체가 불가능해요. 심지어 이 스펙들은 적는 란 자체가 없는 기업도 많고요. 이렇게만 봐도 바로 느껴질 거예요. 이런 상황이라면, 스펙을 갖추기 위해 무엇을 제일 먼저 해야 할 것 같아요?"

"학점과 어학 성적, 자격증을 신경 쓰며, 인턴십 같은 직무경험을 먼저 쌓아야 할 것 같네요."

“맞아요. 여기에 절대적인 투자 시간을 생각해보면, 지금 취준생들이 얼마나 잘못하고 있는지를 알 수 있게 되죠. 보통 대외활동은 3개월 단위에요. 어학연수는 6개월이고. 두 개의 대외활동과 한 번의 어학연수로 소비되는 시간은 1년이에요. 그 1년이란 노력은 2개월이라는 인턴 경험에 비해 낮은 평가를 받는 거죠. 만약 이걸 알고 있다면, 인턴십이나 자격증란을 비워놓고, 다른 스펙을 갖추기 위해 많은 시간을 투자하는 사람들은 없어지겠죠.”

이 말을 듣고 연비는 주변 취준생들의 행적을 돌이켜봤다. 장선생의 말들은 창이 되어 그들의 행동을 관통하고 있었다. 어학 성적을 얻기 위해 스터디를 하는 사이에, 자격증을 취득하기 위해 도서관에 엉덩이를 붙이고 있는 사이에, 대외활동을 한답시고, 어학연수를 간답시고, 또 봉사활동을 한답시고 움직이는 사이에 정작 이 질문들은 다들 놓치고 있었다. ‘기업이 가장 중요하게 보는 것이 과연 무엇일까?’

“이 모든 게, 결국 8대 스펙이란 틀을 취준생 스스로가 만들고선 거기에 매몰되었기 때문에 벌어진 일이에요. 8대 스펙이 가지고 있는 가장 큰 모순점을 살펴보면 이 점은 좀 더 명확해지죠. 거의 대부분이 기업이 보지 않고, 굳이 자소서에 적지 말라고 하는 것이 저 8대 스펙에 들어 있어요. 바로 봉사활동이에요. 봉사활동을 왜 하는지 모르겠다는 거예요. 자신들은 봉사단체가 아니라 이윤을 추구하는 기업인데, 거기서 이윤을 창출해낼 수 있는 부품을 뽑겠다는데, 계속 자기가 했던 착한 일만 강조하는 사람들을 보면 답답하고 안타깝다는 거예요.

물론 봉사활동이 가산점이 되는 직무도 있죠. 하지만, 대부분의 직무에서 필요한 부품은 착한 부품이 아니에요. 쓸 만한 부품이죠. 그런데도 버젓이 취준생이 말하는 스펙에 봉사활동이 포함되는 거죠.

단호하게 이야기할 수 있어요. 지금 취업을 준비하는 대부분의 학생들은 이미 방향성을 잃고 근거 없는 노력을 하고 있다는 거죠.”

“장선생님의 말이 아니었다면, 저 역시도 채용담당자의 입장이 아닌 취준생의 입장에서 준비했을 것이고, 같은 잘못을 되풀이했을 것 같네요.”

“지금까지의 이야기를 듣고 오해하지 말아야 할 것은, 그렇다고 해서 나머지 항목들이 전혀 중요하지 않다는 것은 아니에요. 물론 봉사활동은 논외로 친다 하더라도, 가중치에 대한 이야기를 드린 것은 기업이 중요하게 생각하는 것을 먼저 준비해야 한다, 즉 **기업의 눈으로 준비해야 한다**는 이야기를 드리기 위해 했던 거예요.

학교, 학점, 어학 성적, 자격증, 인턴십을 갖추었다면 꽤나 높은 확률로 걸러지지 않을 확률이 크다는 것이지, 100퍼센트 안전하다는 이야기는 아닌 거죠. 계속 이야기하지만, 결국 변수를 걸러내는 작업이니까, 공모전이나 어학연수 등을 비워두는 것은 위험할 수도 있는 거죠. 그 흠집이 아무리 작을지라도 흠집은 일단 불량품의 증거니까요.”

“‘아무리 작은 흠집이라도 흠집은 불량품의 증거다’라, 와 닿는
말이네요.”

“공격할 만한 약점이 있다면 인사담당자의 창은 언제든지 그곳을
찌를 수 있다는 이야기죠. 또한, 여기에서 좀 더 확장시켜 생각해보
면, 이는 스펙을 준비하는 취준생에게도 많은 의미를 지니죠.

대부분의 취준생은 이력서의 관점을 기업의 입장에서 보지 않고
스스로 판단하려는 오판을 해요. 제가 만난 취준생은 6개월째 토익
을 준비하고 있었어요. 그 친구의 토익 점수는 900점이었어요. 이미
높은 점수인데 왜 그렇게 준비하냐고 물어보니, 토익 점수가 낮아서
서류전형에서 자꾸 떨어지는 것 같다고 말하더라고요. 어처구니가
없었죠. 왜냐하면 그 친구가 지원한 기업의 토익 평가 등급은 860점
이 최고등급이었거든요. 더 이상의 어학 성적 향상을 위한 노력은
평가를 할 때 이미 무의미하단 이야기예요. 50점이 올라 950점이
된들 의미가 없다는 거죠. 6개월이라는 긴 시간을 어학 점수에 쓰는
것보다, 자기에게 부족한 인턴십이나 자격증 취득에 투자하는 것이
훨씬 맞는 거죠.

하지만 그 취준생을 비롯한 많은 사람들이 그렇게 하지 않아요.
이유는, 불안하니까요. 토익 점수 900점을 받고도 떨어지니까, 왜
떨어졌는지를 모르니까, 계속 의미 없는 스펙에 시간을 쓰고 있는
거죠. 그건 분명, 냉정하게 말하면 쓸데없는 노력이죠. 취준생들에

게 유일한 자산이자 불안한 자산은 시간이에요. 그 시간을 어떻게 쓸 것인가를 정하기 위해선 기업이 무엇을 중점적으로 보려 하는가를 늘 생각해야 합니다.

지금까지의 이야기를 간단하게 요약해서 말씀드릴게요. 이력서는 두 번의 과정을 거쳐 필터링됩니다. 먼저 가장 기본적인 지원자격을 갖춘 이력서들만 1차적으로 걸러내요. 그 후 가중치가 높은 스펙들을 위주로 부가적인 스펙들과 조합해서 2차 랭킹작업을 통해 최종적으로 걸러내는 거죠.

그렇다면, 최고의 이력서란 어떤 것일까요?”

“음… 단순히 스펙이 높은 사람만을 말씀하시는 건 아닌 것 같은데…”

“맞아요. **최고의 이력서란 지금까지 쌓은 모든 스펙들이 하나의 직무를 향하는 것**이에요. 인사담당자가 이력서만 보고도 지원자가 어떤 직무에 지원했는지, 직무에 관련된 어떤 역량을 쌓았는지 한눈에 파악할 수 있게 만드는 이력서가 최고인 거죠.”

“‘모든 이력이 하나의 직무를 향한다’라…”

“그런 이력서는 그 자체가 하나의 스토리텔링을 이루고 있다는 의미니까요. 이력만으로 자소서에 담아야 할 스토리까지 담아냈다는 거죠. 만약 이런 이력서가 있다면 자소서를 볼 필요도 없을 거예요. 이력서만 보고도 ‘이 친구가 마케팅을 하고 싶구나’, ‘이 친구가 상품개발을 하고 싶구나’를 느껴지게 만든다면, 이미 이력만으로 자신의 스토리가 담긴 자소서를 보여준 거니까요. 그러려면 자격증을 취득할 때도, 인턴십으로 근무할 때도, 공모전에 참가할 때도, 대외활동을 할 때도 직무와 관련된 활동과 역량을 쌓아야겠죠. 하나의 직무를 향한 일관성이 바로 기업이 원하는 스토리이자 최고의 이력서인 거죠.

적어낸 모든 이력들이, 채용담당자의 시각에서 보길 원하는 이력이다

라는 뜻이니까요."

여기까지 이야기를 하고 나서 장선생이 웃으며 말한다.

"꽤나 많은 이야기를 한 것 같은데, 좀 정리할 시간을 드릴까요?"

그의 말에 웃음으로 화답하며 연비는 다시 노트를 꺼낸다.

셋, 기본을 쌓았으면 직무라는 특별함을 가져야 한다.

장선생의 이야기와 함께 근거자료들을 보는 사이 벌써 두 시간이 흘렀다. 그런데 지치기는커녕 더욱 힘이 났다. 대화를 나누면 나눌수록 자신의 눈앞에 드리웠던 취업이란 먹구름이 아주 조금이나마 걷히고 있는 느낌이 들어서였다. 그렇게, 그가 그토록 알고 싶어 했던 취업이 조금씩 실체를 드러내고 있었다.

질문 8대 스펙 중 무엇이 더 중요한가?

1. 8대 스펙의 순위는 어떻게 되는가? (복수응답)

8대 스펙 순위	순위별 가장 많이 언급된 스펙	이력서 총점(100점 기준)
1위 학교(학과) 94.3%	1위 학교(학과) 88.6%	1위 학교(학과) 50점
2위 학점 82.9%	2위 학점 48.6%	2위 학점 15점
3위 어학 성적 68.6%	3위 어학 성적 34.3%	2위 어학 성적 15점
4위 인턴십 57.1%	4위 인턴십 20%	4위 인턴십 10점
4위 자격증 57.1%	5위 자격증 17.1%	4위 자격증 10점
6위 공모전 22.9%	6위 공모전 5.7%	기타 공모전, 연수, 봉사 다 합쳐서 10점
7위 어학연수 11.4%	7위 인턴 2.9%	
8위 봉사 5.7%	8위 자격증 2.9%	

* 복수 응답 데이터에 순위별 가중치를 부여하게 되면 실제 값은 훨씬 더 크게 벌어짐

* 스펙별 점수를 말하기 꺼려하는 담당자가 많고, 이력서 총점의 경우 약간의 주관적 데이터

2. 8대 스펙 중 가장 쓸모없는 스펙은 무엇인가?

1위 봉사활동(39.4%)

2위 어학연수(36.4%)

3위 공모전(12.1%)

4위 자격증(9.1%)

5위 인턴십(3%)

답변 공모전, 어학연수, 봉사활동 같은 활동은 엑스트라죠.

솔직히 대기업은 스펙별로 다 점수화해서 시스템을 돌리거든요. 서류전형에서 가장 중요한 스펙 세 가지는 학교(학과), 학점, 어학 성적이고요, 다섯 가지라고 하면 거기에 인턴십, 자격증이 포함되는 거예요. 어학연수, 봉사활동은 진짜 필요가 없어요. 학교, 학점 같은 기본 스펙이 부족한데 공모전, 봉사활동, 어학연수 같은 기타 스펙으로 앞의 스펙을 만회한다? 불가능한 거죠. 조금 심하게 말하면 이력서의 점수 측면에서는 쓸모없는 스펙이에요. 공모전, 봉사활동, 어학연수 다 합쳐서 배점이 10점도 안 되니까요. 가산점 같은 개념으로 보는 게 맞아요. 이력서에서 중요한 스펙과 자소서에서 중요한 스펙은 다른 거죠.

핵심 이력서에서 중요한 스펙이 학교, 학점, 어학 성적, 인턴십, 자격증이라면, 자소서에서 중요한 스펙은 인턴십, 공모전, 직무 관련 경험이 되는 거죠. 서울대에 어떻게 들어갔는지, 토익 성적 900점을 어떻게 받았는지 자소서나 면접에서 이야기할 순 없잖아요.

❀ 8
이력서의 아이러니,
아는 것과 행하는 것의 차이

"연비 씨를 포함해 수많은 사람들에게 이런 말을 해왔는데, 그때마다 느끼는 거지만 참 재미있기도 하고, 또한 아이러니하기도 해요."

"아이러니요?"

"이력이란 건 결국 떨어지지 않기 위해 구덩이를 메우는 작업이거든요. 기업이 떨어지는 근거를 찾는 곳은 이력이란 과거고요. 그 사람의 과거를 보며, 과연 이 사람이 우리 회사의 시스템화되기에 결함이 없는가를 발견하는 거죠."

"지금까지의 이야기를 보면, 결국 그런 식이네요."

"하지만 결함이 사람 자체의 결함이 아니라 시스템에 맞느냐 맞지 않느냐를 보는 거잖아요? 그건 그 시스템에 들어가기 위해 얼마만큼의 준비를 해왔냐는 소리와 비슷해요. 결국, **이력은 시간과의 싸움**이거든요. 많은 준비를 하면 할수록 이력은 채워지긴 해요. 준비하면 없어지는 결함이란 게 참 재밌는 거죠. 그런데 그 많은 준비라는 것에 아이러니가 있는 것 같아요."

"어떤 점이 말이죠?"

잠시 숨을 고른다. 장선생은 이미 4학년인 연비에게 이 이야기를 하는 게 맞는지 고민했다. 어차피 알려줘야 한다면 이미 늦은 사실도 알려줘야 한다고 장선생은 생각했다. 그리고 말을 이어나간다

"준비를 하기 위해선 동기가 필요해요. 이 경우의 동기는 취업을 해야겠다는 생각이겠죠? 그 결심을 언제부터 하죠? 빠르면 3학년, 대부분 4학년일 거예요. 물론 요즘에는 저학년도 취업에 관심을 갖는다고 들었어요. 하지만 대부분이 움직이는 시기, 즉 책상에 앉아 토익, 자격증과 씨름을 하고, 취업 스터디를 가지는 시기는 3학년 이후라는 거죠. 채용 시스템이 보는 한 사람의 과거는 대학과 스무 살 이후의 모든 것인데, 대부분은 그 기간의 절반을 이미 의미 없이 보냈다는 거예요.

더욱이 고스펙화라는 말은 채용에서 걸러내는 기준이 좀 더 세밀하고 복잡해졌다는 걸 의미해요. 그만큼 준비하는 데 오랜 시간이 걸리죠. 요즘 친구들은 저와 같은 꼰대 세대에게 이야기하죠. '당신들은 아무것도 준비하지 않고 대학만 나와도 취업할 수 있는 시대를 살지 않았냐? 그런 당신들이 우리를 아냐'고. 맞는 이야기예요. 하지만 되묻고 싶은 건 그걸 알면서도

여러분들은 왜

라는 거죠.

기성세대보다 준비해야 할 것들이 많다는 사실을 너무나 잘 아는 사람들이, 준비하는 시기는 아직 30년 전을 벗어나지 못하고 있는 것, 그것이 참 아이러니해요. 그 아이러니는 졸업 후 취업 준비기간 평균 1년이라는 시간의 낭비를 만들죠. 그 1년은 어디에서 생긴 빚일까요? 준비할 것이 많아져서 생긴 빚? 아니에요. 허송세월로 지나가 버린 1, 2학년, 저학년의 시간에서 생긴 빚이에요."

"그런 식으로도 생각할 수 있을지는 몰랐습니다. 준비하는 것이 많아졌는데, 준비하는 시기는 여전히 같은 아이러니라니…"

"단호하게 말할 수 있어요. 4학년 때부터 취업을 준비하는 사람들은 이미 늦었어요. 이력을 쓴다는 것을 취준생의 입장에서 저는 이렇게 정의내리고 싶어요. '이상과 현실의 타협점을 찾는 과정이다'라고 말이죠. 누구나 대기업에 들어가고 싶어 해요. 누구나 좋은 대우를 받고 싶어 하죠. 모든 취준생들에겐 각각 가고자 하는 이상이 있을 거예요. 하지만 이력서를 쓰면서, 자기의 과거를 냉정하게 기록하면서 깨닫게 되는 거죠. 현재 자기 이력으로 갈 수 있는 곳과 갈 수 없는 곳을 말이죠. 그리고 타협을 하는 거죠."

"'이력은 이상과 현실의 타협점이다'라…"

"여기서 타협점을 높게 잡는 친구들은 그만큼 긴 시간을 들여 준비하는 거예요. 현실을 이상으로 끌어올리기 위해. 그렇기엔 너무 늦어버린 친구들은 반대로 이상을 끌어내리죠. 현실에 맞게끔. 저학년 때부터 취업 준비를 해야 하는 이유는 여기에 있어요. 일찍 준비하면 준비할수록 자신의 이상과 현실의 타협점 간의 거리가 점점 가까워지거든요. 아주 늦은 사람은 인터스텔라급(항성과 항성 사이의 거리)의 차이가 벌어지겠지만, 아주 이른 사람이라면 집 앞에서 편의점 가는 정도의 거리 정도로 느껴지겠지요."

"저 같은 경우에는 이미 늦은 것이겠네요. 졸업이 코앞이니…"

이런 반응을 예상이라도 한 듯, 다소 처진 연비의 어깨를 장선생이 툭하고 친다.

"걱정 말아요. 대부분의 취준생이 연비 씨와 같았으니까. 그런 사람에게 해결책을 제시하던 것이 제가 했던 일이에요. 만약 늦었다면, 이 두 가지 말만 기억하세요."

질문 서류전형은 어떻게 하는가?

1위   이력서 필터링 → 이력서+자소서   35%

2위   이력서 필터링 → 자소서   22%

2위   이력서+자소서   22%

4위   이력서   8%

5위   자소서   5%

5위   인적성검사 → 이력서+자소서   5%

7위   인적성검사   3%

질문 이력서 vs 자기소개서 비중은 어떻게 되는가?

1위   이력서 70%, 자소서 30%   25.6%

2위   이력서 80%, 자소서 20%   14.4%

3위   자소서 0%, 10%, 40%~70%   각 10%

답변 자소서만 가지고 서류전형을 한다? 둘 중 하나예요. 작은 회사거나 거짓말이거나.

대기업이면 200명 모집에 보통 3만 명 정도 지원하는데, 인적성검사 보는 인원을 15배수로 가정하면 2만 7,000명은 서류전형에서 날려야 한다는 거죠. 인사담당자가 한 명의 자소서를 평가하는 데 5분 정도 걸린다고 보면, 1시간에 열두 명, 하루에 100명, 일주일이면 700명 정도를 볼 수 있거든요. 다른 일은 하지 않고 하루 종일 자소서 평가에만 올인 한다고 쳤을 때요. 거기에 서류 평가 기간 1주일이란 수치를 넣어주면 약 43명이 필요하다는 결론이 나와요. 과연 그런 비효율적인 일을 효율성을 따지는 기업에서 할까요? 자소서를 다 본다? 어떤 놈들이 그런 이야기를 해요? 다 거짓말이에요. 일단 물리적으로 불가능하고, 무엇보다 이력에 비해 객관적이지 못한 데이터이기 때문에 공정하지도 않아요. 지금까지 떨어진 자소서를 공정거래위원회에 제소하면 난리가 날 걸요?

서류전형 방법 답변 아이러니하게도, 자소서를 보기 위해서 스펙으로 필터링을 하는 거죠.

지원자격으로 전체 1차 필터링을 하고, 각 직무별로 랭킹작업을 통한 종합 점수로 2차 필터링을 합니다. 인터넷으로 지원하면 데이터가 디지털화되기 때문에 그 자료를 가지고 자소서를 볼 수 있는 정도의 숫자까지 이력으로 줄이는 거죠.

필터링을 통과한 자소서는 열심히 봐요. 평가는 A(30%), B(40%), C(30%) 세 등급으로 나눠서 잘 쓴 A등급은 통과시키고, 보통으로 쓴 B등급은 이력과 자소서를 본 다음에 면접에 일부 올리죠. 정말 못 쓴 C등급은 스펙 관계없이 잘려요. 간혹, 자소서가 정말 괜찮은 사람이면 스펙이 좀 부족하더라도 서류전형을 통과시켜줄 수도 있어요. 그런 가능성이 여러분이 될 수 있겠죠. 그런데, 그런 애들이 거의 없다는 거죠. 대부분의 자소서는 별반 차이가 없거든요.

❋ 9
출발이 늦었다면
거울과 주경야독을 기억하라

"거울 하나와 주경야독, 늦었다면 이 두 가지만 기억하면 돼요."

"언뜻 봐선 감이 오질 않네요. 주경야독이라… 그만큼 열심히 하라는 의미인 것 같긴 한데…"

"단순히 열심히 하라는 말이라면 어려운 한자어를 말하지도 않았겠지요. 우선 거울의 의미부터 말씀드릴게요. 사실 거울이란 건 취업을 준비하는 모든 사람들에게 필수적으로 필요하긴 해요. 자신의 스펙을 토대로 현재 자신의 위치를 확인하고 자기 목표점을 정하라는 거예요.

처음 말한 것처럼, 한 사람이 모든 기업, 모든 직무에 취업할 순 없어요. 단 하나의 회사에, 한 개의 직무에 취업할 뿐인 거죠. 그럼에도 불구하고 많은 취준생이 만능키와 같은 이력을 준비하고 있죠. 어디에나 지원할 수 있고, 어디에나 쓸 수 있는 이력들을 준비하고 있다는 거예요.

제가 들었던 재미난 이야기를 하나 해드릴게요. 예전에 다큐멘터리에서 봤던 내용이에요. 어느 고등학교에 늘 1등을 하는 아이에게 왜 그렇게 열심히 공부를 하느냐고 PD가 물어봤어요. 이 녀석이 하는 대답이 기가 막혔어요. 자기는 하고 싶은 것이 없대요. 아직 정하지도 않았고 알아보지도 않았대요. 공부를 열심히 하는 이유는, 훗날 자기가 하고 싶은 일이 생겼을 때, 공부가 자신의 발목을 잡지 않길 바라는 마음에서 하는 거라고 대답한 거예요.

나는 이 모습이 지금 취준생들이 보여주고 있는 모습이라 생각해요. 어디에나 들어갈 수 있는 만능키에 매진하는 모습. 그건 저 학생처럼 준비하는 시간이 충분할 때 선택하는 전략이죠. 이미 시간을 낭비해버린 사람은 그렇게 행동해선 안 됩니다. 좀 더 좁혀야 하는 거죠.”

“좁힌다는 의미가 어떤 거죠?”

“자기가 어떤 부품이 되고 싶은지를 결정하는 것. 하나의 특정 회사, 하나의 특정 직무는 아니더라도, 최소한 대략적인 직무는 정하는 것. 자기가 맡고 싶은 회사 내의 역할을 정하는 것. 바로 **거울을 통해 자기가 하고 싶은 분야를 정하는 거예요.**

이력서에서 가장 많이 보는 항목이 뭐라고 말했죠?”

“학교, 학점, 어학 성적, 자격증과 같은 기본 스펙 외에 직무 경험이라고 하셨죠.”

“그 다섯 항목 중 늦은 시기에 채우고 바꿀 수 있는 이력은 직무 관련 자격증과 직무 경험밖에 없어요. 학교야 졸업이 코앞이고, 학점이야 이미 정해졌을 테고, 어학 성적도 최소 6개월에서 1년 정도의 긴 시간이 필요하니까요. 이 자격증과 인턴십은 직무와 연관성이 없을 경우 큰 이익을 못 받아요. 즉, 영업 직무를 뽑는다면 인사 쪽 직무 경험은 크게 의미가 없다는 거죠. 그렇다고, 이것저것 건드려 보기엔 시간의 리스크가 크기 때문에, 자기가 가고 싶은 직무를 정하는 것이 늦은 사람이 준비해야 하는 첫 번째예요.

많은 학생들에게 물어봐요. 어디를 가고 싶냐고. 그럼 대답을 해요. 제약회사의 영업 쪽으로 알아보고 있다고, 대기업 품질생산 쪽을 알아보고 있다고. 직무는 정했다는 거예요. 거울은 봤다는 거죠. 과연 봤을까요? 다시 물어봐요. 뭘 준비하고 있냐고. 돌아오는 대답은 한결같아요. 토익 점수 아니면 MS 자격증이에요. 가장 중요한 직무와 관련된 역량 준비는 아무도 하고 있지 않다는 거죠.

바꾸어 묻고 싶은 건, 그걸 준비한다고 해서 그 직무를 잘한다는 어필을 할 수 있냐는 거예요. 만약 그렇게 할 수 없다면, 그건 그 직무를 준비한다 말할 수 없는 거죠. 역시나 만능키를 준비하고 있을 뿐인 거지요. 결국, 거울을 제대로 보고 있지 않다는 겁니다.

먼저 자신을 봐야 해요. 자기를 정해야 해요. 그래야 준비할 것들이 좁아지고 시간 내에 완수할 수 있습니다.”

“듣고 보니 맞는 말이네요. 게임이랑 비슷하네요. 자원이 풍족할 때와 부족할 때의 승리 전략은 다르듯이, 시간을 자원으로 본다면 취준생이 되는 시기를 기준으로 일찍 준비하는 사람과 늦게 준비하는 사람의 전략은 달라야겠네요.”

“바로 그거죠. 그 다음으로 필요한 것이 바로 주경야독이에요. 낮에는 밭을 갈고 밤에는 공부를 한다는 뜻이죠. 같은 의미예요. 늦은 만큼 시간 배분을 효율적으로 해야 돼요. 낮에는 밭을 가는 일을 해야 돼요. 자기가 가고자 하는 직무와 관련된 활동들 말이죠. 인턴을 준비하든, 관련 직무와 연관된 아르바이트를 단기로라도 경험하든 말이죠. 즉, 밭을 가는 것처럼 몸으로 움직일 수 있는 일들을 찾아서 채워가야 한다는 거예요. 밤에는 직무 관련 자격증이나 공모전 등 자기가 갖추지 못했던 지식들을 공부하는 거죠. 그건 밤에도 할 수 있고 혼자도 할 수 있으니까요. 쉽게 저는 이렇게 표현해요. **낮에는 학교 밖에서, 밤에는 학교 도서관에서.**”

“그렇군요”

“늦은 만큼 그 정도의 준비는 해야 돼요. 일찍 준비한 사람들보다 시간이 적으니, 잠자는 시간을 줄여야 한다는 거예요. 1,000미터 달리기에서 이미 500미터를 앞서 간 사람을 잡을 수 있는 방법은, 앞서 간 사람보다 나머지 500미터를 빨리 달리는 수밖에 없는 거죠. 대부분은 그렇게 하질 않아요. 취준생이란 야구모자를 눌러 쓰고 트레이닝복을 입은 채, 도서관에 24시간 붙어 있는 존재라고 생각하죠. 하지만 기억하세요. 기업이 중요하다고 생각하는 이력 중 **늦은 시기에 바꿀 수 있는 이력은 학교 안이 아니라 학교 밖에 존재한다는 것을요.**”

"주경야독이라…"

연비는 잠시 생각에 빠진다. 장선생의 말을 들으며 어느새 졸업이 문턱에 다가와버린 자기 자신의 현재 위치가 더욱더 적나라하게 드러나서였다. 하지만 이내 연비는 마음을 가다듬는다. 현재에 중요한 것은 '이미 늦었다'는 과거완료가 아니라, 그래서 '앞으로 어떻게 할 것인가'라는 미래형임을 스스로 다짐하며 노트를 펼친다.

넷, 준비하는 것이 늘어난 만큼 준비하는 시간은 일찍이어야 한다.
다섯, 이력서는 가고자 하는 이상과 갈 수 있는 현실의 타협점을 찾는 작업이다.
여섯, 늦은 자의 태도. 낮에는 학교 밖에서, 밤에는 학교 안에서 보내야 한다.

질문 학벌에 따른 점수 차가 있는가?

학벌에 따른 등급별 점수 차가 있다　　83%

학벌에 따른 등급별 점수 차가 없다　　17%

2016 중앙일보 대학평가

1. 서울대	10. 한국외국어대	21. 국민대
2. 한양대(서울)	12. 서강대	22. 충북대
3. 성균관대	13. 서울시립대	23. 서울과기대
4. 연세대(서울)	13. 아주대	23. 충남대
5. 고려대(안암)	15. 건국대(서울)	23. 상명대(서울)
6. 이화여대	16. 부산대	26. 울산대
7. 중앙대	17. 경북대	26. 영남대
8. 경희대	17. 동국대(서울)	28. 숙명여대
8. 한양대(ERICA)	19. 전남대	29. 가톨릭대
10. 인하대	19. 전북대	30. 홍익대

A기업 학벌등급표

1등급　　서울대, 연세대, 고려대, 카이스트, 포항공대

2등급　　서울 중상위권 대학 (서성한중경외시이 등), 부산대, 경북대

3등급　　서울 중하위권 대학 (건동단숙국숭 등), 지방 국립대, 수도권 주요 대학

4등급　　서울 및 수도권 하위권 대학, 지방 사립대

답변 여러분이 기업이라면, 과연 모든 대학의 지원자를 똑같이 볼까요?
기업에서 우수한 인재를 뽑아서 쓰고 싶은 건 당연한 거잖아요. 대부분의 기업은
상위 10개 대학에 포커스를 맞추고 있죠. 기업이 찾아가는 대학 채용설명회만 보
셔도 알잖아요. 기업에서 뽑고자 하는 대학의 마지노선은 지방 국립대 정도로 보면
되고, 지방 사립대는 살아남기 힘들죠.

답변 다들 스펙 타파라면서 학벌을 안 본다 어쩌고 하는데, 결국에는 학벌을 안 볼
수가 없어요. 가장 많이 보는 게 학벌이죠. 이력서의 총점을 100점으로 봤을 때, 학
교에 50점을 줬다? 그러면 끝난 게임이에요. 다른 걸로 뒤엎지를 못 해요. 대학을
어디 나왔느냐가 여전히 가장 큰 거죠.

해결책 학벌은 형평성의 문제라고 생각해요. 좋은 대학 나온 친구들은 초중고 12
년 동안 열심히 공부한 거잖아요. 그걸 다 똑같이 10점 만점 해버리면 그게 잘못된
거잖아요. 좋은 대학을 나온 사람들이 혜택받는 건 정당한 거죠. 좋은 대학이 아닌
친구들은 기존의 학벌 구조가 잘못됐다고 탓하기보다, 자신이 부족한 걸 빨리 인정
하고 본인만의 무기를 만들기 위해 최선을 다해야죠.

10

기업은 이력의 모든 것을
차별의 근거로 해석한다

"이렇게 서둘러 준비해야 하는 이유는, 기업은 시작점을 정해주진 않지만 도착점은 정해놓기 때문이에요. 바로 '나이'입니다."

"하지만 요즘 기업들은 나이를 보지 않는 추세라고 들었는데요?"

"순진하게 아직도 그 말을 믿어요? 취업하는 나이가 점점 늦어지고 있긴 하죠. 그래서 언뜻 보면 기업이 나이에 유동성을 두는 것처럼 보여요. 하지만 실상은 기업이 유동성을 둬서가 아니라, 그만큼 준비해야 할 것들이 늘어나다 보니 합격시킬 만한 이력을 가진 취준생들의 시기가 늦어지고 있기 때문이에요. 그럼에도 불구하고, 대부분의 기업은 제한을 둡니다."

"좀 더 구체적으로 알 수 있을까요?"

"남자의 경우 서른 살, 여자의 경우 스물일곱 살이 넘어가면 잘 뽑지 않으려고 해요. 비슷한 이력이라면, 당연히 나이 많은 사람들보다 어린 사람을 선호하죠."

"아직까지 나이로 평가하다니, 조금 차별적이네요."

"연비 씨, 기업은 자선단체가 아니에요. 정의로운 단체는 더더욱 아니고요. 효율성과 이윤 그 두 가지만을 계산하는 계산기예요. 그 계산기는 최고 이익을 뽑기 위해 당연히 차별을 만들어내지요. 모두가 다 이유 있는 차별인 거예요."

"이유 있는 차별이요?"

"아랫사람이 나이가 많으면 일을 시키기 불편하잖아요. 그럼 일이 효과적으로 진행되지 못하겠죠. 그런 변수를 없애는 거죠. **이력서에 써지는 순간 대부분의 항목은 차별의 이유로 작용**해요. 그게 바꿀 수 없는 거라 하더라도요."

"바꿀 수 없는 것이요?"

"채용에 남녀차별이 없다고 생각해요?"

"예전엔 있었지만 지금은 많이 바뀌지 않았나요?"

"바뀐 기업도 있죠. 하지만 아직도 많은 기업에서 남녀차별은 존재합니다. 서비스직이나 디자인 업무처럼 여성의 강점이 필요한 직무를 제외하면, 많은 부분에서 여자보다는 남자를 선호해요. 실제로 그렇게 뽑고요. 이유는 단순해요. 여자보다는 남자가 고된 일을 좀 더 잘 수행해내니까요. 특히 건설직, 상사, 영업관리 등과 같은 곳에선 차별이 두드러집니다.

S상사의 경우 2015년도 하반기 신입사원을 열다섯 명 뽑았죠. 그중 여성은 두 명에 불과합니다. L제약의 경우 영업사원의 90퍼센트 이상이 남자예요. 이 말을 기억해요. 이력서 이야기를 처음 할 때,

기업은 사람들이 보지 않길 원하는 모든 것을 본다고 한 이야기 기억하죠?”

“그럼요, 정곡을 찌르는 말이었으니까요.”

“한 줄 더 추가하세요. ‘기업은 이력서의 모든 항목들을 차별의 근거로 계산한다.’ 어떤 기업은 지역을 차별하기도 해요. 어떤 기업은 가족관계나 집안환경을 가지고 차별하기도 하죠.”

“가족관계까지요?”

“조금 극단적일 수 있지만, 금융권 채용의 경우 큰돈을 만지는 일을 시켜야 하다 보니 ‘그 돈을 횡령할 가능성’이 있는 변수를 제거하기 위해 노력할 수밖에 없죠. 그러니 불우한 가정환경이나 가난한 가정에서 자란 사람을 뽑지 않으려 해요. 성급한 일반화이며 극단적인 예이지만, 기업은 앞서 말한 것처럼 자선단체가 아니니까, 조금이라도 변수가 될 만하다면 바로 제거하려 드는 거죠.”

“이력의 모든 항목은 이유 있는 차별의 근거가 된다…”

“이정도면 이력에 대한 거의 모든 이야기를 다 한 것 같네요. 잠시 쉬었다가. 이력에 대한 이야기를 마무리해보죠.”

잠깐의 휴식을 이용해 연비는 노트를 다시 꺼낸다.

일곱, 모든 이력은 그 자체로 차별의 근거가 된다.

질문 나이에 따른 차별이 있는가?

1. 나이에 따른 차별 및 불이익이 있는가?

있다　　86%

없다　　14%

2. 나이에 따른 차별이 있다면, 몇 살부터 취업이 힘들다고 보는가?

남자 30세	48.8%	여자 27세	37.2%
남자 32세	22.1%	여자 28세	22.1%
남자 31세	15.1%	여자 29세	18.6%
남자 33세	7%	여자 30세	15.1%
남자 28세	3.5%	여자 26세	7%
남자 29세	3.5%		

답변 나이를 안 본다고 하는데 봐요. 왜 나이를 안 보겠어요?

적정 연령을 넘은 나이는 감점을 주거나 동점 시 불이익을 주고, 너무 많은 나이는 아예 필터링을 하고 있어요. 분명 예외도 있지만, 그때부터 취업의 폭이 점점 좁아져 힘들어진다고 봐야죠.

나이가 서른세 살이면, 그걸 만회하기 위해 스물일곱 살보다 경험이 6년 더 풍부해야 하는데, 그 경험이 전무하면 뽑을 이유가 없는 거죠. 굳이 왜 뽑겠어요? 어차피 지원자는 많잖아요.

이유 나이 많은 후배는 누구나 불편하니까요.

팀장으로서 팀을 끌고 나가야 하는데 우리 부서 막내가 스물여덟 살이에요. 근데, 이제 막 들어오는 신입사원이 서른 살이면 업무지시나 조직문화에 문제가 생겨요. 군대에서도 후임이 들어왔는데 나이가 한 살이라도 많으면 불편하잖아요.

해결책/합격 사례 더 많은 나이를 상쇄할 수 있는 당신만의 무기가 있는가?

중국 해외영업 직무에 지원한 30세 여자를 뽑은 적이 있어요. 중국 대학교에 편입을 해서 중국어나 현지문화에 익숙해서 실질적으로 우리에게 필요한 능력을 가지고 있었거든요. 나이가 많은 건 상쇄하냐 못 하냐의 차이인 거 같아요.

질문 채용에 남녀차별이 있는가?

있다   82%
없다   18%

답변 남자는 괜찮으면 뽑고, 여자는 뛰어나야 뽑아요.

그냥 남자를 뽑으려고 해요. 정확한 현실을 이야기해주면, 여자가 스펙도 좋고 자소서도 훨씬 잘 써요. 면접 점수로 보면 남자가 들어올 수 없는 구조예요. 남자는 바보 같고 여자는 사람답거든요. 면접 끝나고 점수가 높은 3분의 1이 다 여자라니까요. 모든 부분에서 남자가 떨어질 수밖에 없기 때문에 성별을 조정하죠. 똑같은 점수면 남자는 붙는데 여자는 떨어질 확률이 높다고 보시면 되요.

이유 업무연속성을 보장할 수가 없고, 일은 남자가 잘하거든요.

결혼과 육아 이슈를 피할 수 없다 보니 부서에서 여자를 받는 걸 꺼려해요. 기업 입장에서 힘이 드는 거죠. 그리고 취업을 위한 조건은 여자가 뛰어나지만, 실제 업무는 남자가 뛰어나거든요. 최소한 여성이 회사에 들어오면 남자와 똑같은 수준의 일을 해주기를 바라요. 야근할 때 야근하고, 술 먹을 때 술 먹고, 때로는 자기 시간 희생해가면서 주말에도 나오고, 그런데 경험적으로 여성이 그럴 수 있냐? 잘 안 되거든요. 우리 회사뿐만 아니라 기업의 전체적인 선입견인 거죠.

해결책/합격 사례 분명한 강점을 가지거나, 여자를 원하는 업종에 지원하거나

여자 지원자 중에 차 타고 다니면서 철탑 올라가는 거 관리감독하고 중계기를 까는 ENG팀에서 근무하고 싶어 하는 친구가 있었어요. 그 친구는 이 일을 피상적으로 아는 게 아니라, 자기가 들어와서 어떤 일을 하는지 정확하게 알고, 왜 잘할 수 있는지를 어필하더라고요. 그럼 뽑히죠. 여자라는 페널티를 극복하기 위해서는 분명한 강점이 하나쯤 있어야 해요.

해결책 여자를 못 뽑는 업종들이 있어요. 건설, 화학, 중공업 등의 제조업 기반에서는 기계를 돌리고 부품도 날라야 하다 보니 남자를 선호하죠. 공장 직원 뽑는데 여자를 뽑겠어요? 업 자체가 너무 힘드니까 여자를 받아놓으면 튕겨 나가요. 이미 통계치로 검증이 되니까 싫어하죠. 면세점, 백화점, 생활용품, 패션처럼 여성들이 잘할 수 있는 업종에 지원을 해야 한다고 봐요.

11

진짜 쓰잘데기 없는
고민들

연비의 노트를 어깨 너머로 장선생이 지켜보고 있다. 지나치게 현실적인 말들. 그 문장들을 보며 산타가 없음을 고백하는 부모님의 입장과 자신이 어쩌면 같다는 생각을 했다. 아마 앞으로 더 많은 현실을 말하게 되겠지, 그때마다 조금씩 무너질 수도 있을 테지, 하지만 그렇게 성장해나가겠지, 이런 생각들을 하는 그였다.

"이력서에 대한 전체적인 이야기를 우리는 나누었어요. 연비 씨의 노트를 보니 지금까지의 내용 요약은 굳이 할 필요가 없을 것 같군요. 마무리는 연비 씨가 좀 더 궁금해하는 내용들에 답변을 해주는 형태로 지을까 해요. 지금까지 알게 된 내용 중에 좀 더 알고 싶은 내용이라던가, 듣지 못한 말들이 있나요?"

"워낙 설명을 잘해주셔서 딱히 모자란 부분은 없는 것 같아요. 다만, 너무 사소한 거라 그냥 넘어갔을 수도 있지만, 사진 같은 경우에는 어떤가요? 누군가는 그냥 업종에 맞춰 넥타이 색깔도 바꿔야 한다, 누군가는 포샵은 기본이다 등 다양하던데요?"

"사진 같은 경우에는 한마디로 '정장을 입고 단정하게 찍은 증명사진'이면 되요. 못생겼다고 떨어뜨리는 경우는 없어요. 하지만 잘생기거나 예쁜 얼굴에 호감이 가는 것도 사실이죠. 그렇다고 그걸로 절대 불합격이 합격이 되진 않지만요. 정장은 필수에요. 그건 기본적인 예의니까요."

"거의 모든 이력서에서 취미나 특기를 적는 란이 꼭 있잖아요. 그건 어떤가요? 저처럼 솔직하게 적는 것이 나은가요, 아니면 그것 역시 기업에 맞춰야 하나요?"

"우선 취미와 특기의 차이를 명확히 구별할 필요가 있어요. 많은 사람들이 그걸 헷갈려 하더라고요. 이 **둘의 차이는 한마디로 결과가 있냐 없냐**라고 생각하면 돼요. 특기로 적는 것들은 증빙할 수 있는 과거 실적이 있어야 해요. 취미는 그렇지 않아도 되고요.

가령 특기란에 토론이라고 적었다면 실제 토론대회 수상 실적이라던가, 토론동아리활동 등과 같은 과거가 있어야 하죠. 그런 게 없다면 그건 취미인 거구요. 그래서 토론이란 영역도 결괏값이 있으면 특기에, 없으면 취미에 넣으면 되요."

"결괏값이 있냐 없냐의 차이라… 듣고 보니 그렇군요."

"그리고 취미, 특기는 굳이 기업에 맞출 필요는 없어요. 거의 비중을 차지하지 않거든요. 직무에 맞는 특기를 적는다면 나름의 이목은 끌 수도 있지만, 사실 그런 특기를 가진 사람은 많이 없으니까요.

　그것보다 더 명심해야 할 것은, 거짓을 말해선 안 된다는 거예요. 취미와 특기의 경우 이력서보다는 면접에 쓰이는 경우가 많아요. 본격적인 면접 관련 질문을 하기 전에 가벼운 용도로 묻기도 하거든요. 이때 취미란에 적은 내용을 물었는데, 면접자가 당황하거나 상세한 내용을 알지 못한다? 그럼 그때부터 면접 신뢰도가 완전히 떨어져버리는 거죠.”

　“그렇군요. 알겠습니다.”

　연비는 생각했다. 장선생의 말대로라면 ‘궁금한 것은 어떻게든 아는 것’은 결코 특기가 될 수 없었다. 적어도 채용을 위한 이력서에선 말이다. 그건 증빙할 수 없으니까, 그건 결괏값이 없는 거니까. 만약 장선생을 만나기 전이었다면, 그는 장선생과 같은 말을 하는 누군가의 의견에 반박했을지도 모른다. ‘특기는 좀 더 명확하게 써야 함’이란 피드백에 반박했던 과거의 자신처럼 말이다.

　하지만 이제 그는 반박하지 않을 것이다. 이력서라는 건 자신을 가감 없이 보여주기 위함이 아니라, 하나의 시스템에 들어가기 위해 검사 받는 일종의 시험지임을 알았으니까. 채점자는 시험 치는 대상에 대해 궁금한 것이 아니라, 필요한 자격과 요건을 기계처럼 분석하고 거르는 역할만을 하는 것임을 알았으니까.

　자칫 비인간적으로 보일 수 있는 이 사실을 연비는 생각보다 쉽게 받아들이고 수긍했다. 누군가가 이야기한 것처럼 ‘인간의 감성을 제외하고, 지성을 고려하지 않고 남은 찌꺼기들을 모아놓으면 그것이 진실이라는 것'일지도 모르니까, 지금 연비는 진실을 알아가고 있는 중이니까.

　"그런 눈빛이 좋아요."

　"네?"

　"연비 씨 지금 눈빛이요. 이렇게 대화하다 보면 이따금씩 보이는 그 눈빛과 표정이 전 좋습니다. 크게 놀라지도 않고 부정하지 않으면서도, 약간의 의심과 실망을 가진 채, 그럼에도 더 알고 싶어 하는 그 표정이 전 좋네요."

　"그렇게 보였나요?"

　"아닌가요?"

　"선생님 말씀을 듣다 보면 자연스레 생각이 많아지는 것 같아요. 제가 몰랐던 것을 들었을 때는 그걸 새기느라, 제 생각과 달랐던 것을 들을 때는 그걸 이해하느라…"

　"앎이란 자기 세계와 타자의 세계의 부딪침이라고들 하죠. 그렇게 알아가면 되는 거예요."

　"알겠습니다. 아직 알아야 할 것들이 더 많네요."

　"차차 알아갈 것이고, 결국 다 알게 될 거예요. 걱정 말아요. 아무튼 이렇게 이력서에 대한 이야기를 우리는 끝마쳤습니다. 떨어지지 않기 위한 첫 번째 싸움터에 대한 정보를 마친 거죠.

　이 싸움터와 이어진 바로 옆의 싸움터가 바로 자소서예요. 취준생들이 모두 소설가가 된다는 그 구간이죠."

"하하, 하긴 다들 자소서 쓰는 거에서 창작의 고통을 호소하죠."

"자소서와 이력서는 사실 한 몸과 마찬가지죠. 서류전형을 통과하기 위함이고, 기본적인 필터링 후 함께 보는 것이 이 두 가지 항목이니까요. 여기에 대한 내용을 다음 주에 알아갈 거예요. 그전에 제가 처음 시작할 때 과제를 낸다고 말했죠?"

"네, 매주 하나의 과제를 수행하게 될 거라고 하셨죠."

"맞아요. 그 첫 번째 과제예요. 다음 주에 우리가 만나기 전까지, 내가 말하는 인물 한 명을 인터뷰해오세요. 그리고 인터뷰 내용을 근거로 본인이 깨달은 자소서에 대한 내용을 나에게 한마디로 표현해보세요."

"인물이요? 어떤 분이죠?"

"내가 알고 있는 사람 중에 가장 멋진 자소서를 썼던 사람, 자소서란 장르의 글을 가장 매력적으로 보이게 만드는 일을 지금도 하는 사람이죠."

"아, 취업 컨설팅을 하시는 분인가요?"

"아니요, 광고쟁이예요. 광고대행사 사장으로 있는 친구죠."

"광고요? 자소서와 광고라, 언뜻 들으면…"

"만나보면 알게 될 거예요."

자소서와 광고업이라… 매칭되지 않는 두 분야에 잠깐 갸우뚱한 연비였지만 의심하진 않았다. 분명, 이 사람이 인터뷰하라고 한다면 그럴만한 이유가 있는 사람일 테니까.

"여기, 그 사람 명함이에요. 미리 이야기는 해둘게요. 인터뷰하고, 다음 주에 다시 만나는 걸로 해요. 아 그리고, 만나보면 알겠지만 마음의 준비를 하는 게 좋을 거예요. 조금 특이한 면이 있는 사람이거든요."

그렇게 연비와 장선생의 첫 번째 만남이 마무리되었다. 마음의 준비를 하고 만나야 할 한 사람과의 인터뷰를 과제로 남겨두며.

질문 진짜 쓰잘데기 없는 고민들? 하나하나가 신경 쓰이는 지원자니까!

1. 취미, 특기는 중요한가?

중요하지 않다   74%

중요하다   26%

답변 취미, 특기는 핵심에서 빗겨나간 이야기라서 서류에서 점수화하지 않아요. 다만, 면접에서 물어볼 게 없을 때 질문할 수 있기 때문에 솔직하게 적는 게 좋아요. 예를 들어, 취미를 독서라고 적어서 면접 때 물어봤어요. "1년에 책을 몇 권이나 보나요?" 그런데 두세 권 읽는다고 하면 태도 측면에서 굉장히 마이너스가 되는 거죠. 그 사람의 다른 말 자체를 못 믿게 되는 거죠.

2. 사진은 중요한가? 사진을 보고 떨어뜨린 적이 있는가?

중요하다   63%   사진을 보고 떨어뜨린 적 없다 54%

중요하지 않다   37%   사진을 보고 떨어뜨린 적 있다 46%

답변 서류의 수많은 텍스트 중 유일한 시각자료는 사진뿐이에요. 당연히 눈이 갈 수밖에요.

사진은 중요하죠. 사진 때문에 뽑히진 않지만 떨어지는 경우가 간혹 있거든요. 정장을 입지 않았거나 셀카를 찍어서 내는 분도 있는데, 그건 성의 문제라서 바로 떨어뜨리죠. 기본이 안 된 거잖아요. 지난 면접 때는 포샵을 심하게 해서, 실물이랑 사진이 성형을 한 것처럼 너무 다른 분이 계셨는데 떨어뜨렸어요. 딱 들어왔는데 사람을 못 알아볼 정도다, 이런 경우는 확실하게 마이너스예요.

"사진 정말 중요해요?" 이런 걸 물을 시간에 정장을 입은 단정한 사진 붙여놓고 자소서 한 줄이라도 더 수정하는 게 낫죠.

답변 사진을 안 본다고 하는데, 솔직히 보긴 봐요.
똑같은 스펙이면 호감 가는 외모에 눈이 갈 수밖에요. 인사담당자도 사람이잖아요. 딱 봐도 인상이 사납게 생겼거나 사기꾼 같이 생긴 친구들은 뽑기가 싫어요. 자소서 점수를 1점 빼면 되거든요. 사진이 핵심적으로 중요한 건 아니지만, 커트라인에서 1~2점 차이를 만들 수 있어요. 그 차이가 당락을 좌우하기도 해요.

질문 졸업 연기 vs 칼졸업, 무엇을 선택해야 하는가?

졸업 연기가 유리하다	66%
상관없다	22%
칼졸업이 유리하다	12%

답변 기졸업자보다 졸업예정자를 대부분 선호합니다.
대외적으로는 상관없다고 하지만, 졸업예정자가 유리한 부분은 분명히 있어요. 실제로 기업에서 서류전형을 할 때 졸업예정자 위주로 뽑으라고 해요. 기졸업자들은 졸업하고 취업이 안 돼서 지원한 것이기 때문에 하자가 있을 수 있다고 생각하는 고정관념이 있거든요. 실패한 인재라고 생각하는 거죠. 심지어 서류전형에서 기졸업자에 대한 감점이 있는 경우도 있죠.

질문 졸업예정자가 기졸업자보다 유리한 이유는?

답변 학생 신분에 받을 수 있는 혜택이 더 많으니까요.
저희는 졸업예정자밖에 안 뽑거든요. 졸업하면 저희 회사에 못 들어와요. 그리고 졸업을 한 상태에서 취업이 안 된 기간이 1년이 지나면 본인 스스로도 그 공백을 설명할 수가 없어요.

답변 기졸업자에 대한 불이익이 있는 경우가 많아요. 이력서 상에서 졸업예정자와 기졸업자는 느낌이 달라요. 이력서를 보다가 졸업 시기가 너무 차이가 나면 일단 거를 가능성이 높아요.

답변 학생 때 누릴 수 있는 기회와 혜택이 많아요. 대부분의 인턴십이 재학생만 지원할 수 있잖아요. 공모전도 참가할 수 있고, 부족한 학점관리도 할 수 있고, 여러 스펙을 쌓을 수 있는 기회라는 측면에서 졸업 연기가 당연히 유리하죠. 사실, 졸업해버리면 제한이 되는 것이 많거든요. 학교에 적을 두고 있다면 적어도 패널티를 받지는 않으니까요.

해결책 이미 졸업을 한 상태라면?
졸업 후 1년까지는 괜찮아요. 취업 재수를 할 수 있으니까요. 하지만 그 이후부터는 공백이 길어지면 길어질수록 가치가 떨어져 취업이 힘들어집니다. 그 안에 반드시 해결을 해야 돼요.

이력서의 법칙

① 시스템으로 필터링되지 않을 최소한의 지원자격은 갖추어야 한다.

② 8대 스펙이라고 다 같은 스펙이 아니다. 기업의 눈으로 채용을 봐야 한다.

③ 기본을 쌓았으면 직무라는 특별함을 가져야 한다.

④ 준비하는 것이 늘어난 만큼 준비하는 시간은 일찍이어야 한다.

⑤ 이력서는 가고자 하는 이상과 갈 수 있는 현실의 타협점을 찾는 작업이다.

⑥ 늦은 자의 태도. 낮에는 학교 밖에서, 밤에는 학교 안에서 보내야 한다.

⑦ 모든 이력은 그 자체로 차별의 근거가 된다.

CHAPTER 2

자기소개서는
채용이라는 거울에 자신을
비추는 작업이다

사람들이 자기소개서가 진짜 자기! 소개서라고 착각을 해요.

사실 우리가 지원자들의 성장배경이 왜 궁금합니까? 하나도 안 궁금해요.

미친놈들이 진짜 궁금한 줄 알고 그렇게 적는다니까요.

결국에 자소서는 직무를 향해야 하는 거예요, 자기소개가 아니라,

'내가 이 직무를 하기에 적합한 사람입니다'라는 걸 증명하는 게 자소서예요.

지원동기, 성장과정, 역경극복 등 이 모든 것들을 직무랑 연결시켜서 써야 해요.

그렇게 쓰는 친구는 스펙이 좀 부족해도 우리가 합격을 시킬 수 있거든요.

문제는 그렇게 적는 애가 없어요.

_A기업 인사담당자

12

자소서는 설명서가 아니다.
찌라시다

"영감쟁이, 사람 겁나 귀찮게 하네 진짜. 노망이 들었나, 갑자기 뭔 애새끼한테 인터뷰를 하라 마라 그런다냐."

"…"

"연비라고 했지? 그래서, 무슨 인터뷰를 하자는 거냐? 바빠 죽겠으니까 딱 한 시간 준다. 말해봐."

대뜸 반말을 하는 이 남자에게, 아니 그 이전에 입이 꽤나 걸걸한 이 남자 앞에서 연비는 적잖게 당황하고 있다. 장선생이 준 명함에 적힌 메일 주소로 인터뷰 요청 메일을 보내고, 정확히 30분 뒤 그는 답장을 받았다.

금주 수요일 오후 2시 NW광고대행사 4층 접견실. 시간엄수.
NW 부사장 이합 보냄

단 한 줄의 답장. 그 한 줄로 알 수 있는 것은 그가 국내에서 꽤 유명한 광고대행사의 부사장이라는 것과 장선생에게 들었던 것처럼 다소 특이한 사람일 것이라는 추측이었다. 그리고 약속된 날짜, 약속된 자리, 연비는 당황하고 있었다.

"학생이라고 들었고, 반말은 버릇이니 이해하고, 욕은 일상이니 참아. 내 시간은 지금 니 시간보다는 바쁘고 비싸니까 빠르게 진행하자. 무슨 인터뷰?"

재차 묻는 그의 질문을 들으며 연비는 이 사람의 대략적인 이미지를 그려나가고 있었다. 메일의 답장으로 보나 지금의 태도로 보나, 장황한 사정 설명은 별로 원하지 않을 것이라 판단했다.

"채용에 대해 알아가려고 합니다. 장선생님은 그렇게 만났습니다. 자소서에 대해 알기 전에 인터뷰를 해오라는 과제를 받았습니다. 인터뷰 내용은 자소서에 대한 전체적인 부사장님의 의견과 생각입니다."

"자소서? 아하, 니가 금마구만. 장선생이 말하던…"

뚫어져라 연비를 쳐다보던 이합은 잠시 생각한다. 그리고 말을 이어나갔다.

"뭐, 장선생이 좋게 본 놈이었으면 대충 생각은 있는 놈이겠네. 나한테 인터뷰를 해오라고 했다는 건, 내식대로 알려주라는 뜻일 거고. 그래 자소서에 대해서 알고 싶다 이거지?"

"네, 그렇습니다."

"장선생처럼 자세하게 설명해주진 못한다. 요점만 찍어 이야기해
줄 테니까 빨리빨리 이해하고 넘어가. 이해 안 되는 건 다 끝나고 물
어. 대화 중간에 흐름 끊지 말고. 알겠지?"

"네, 알겠습니다."

"너, 제품광고와 제품설명서가 뭐가 다른지 아냐?"

"네? 음… 자세히는 모르지만, 제품광고는 제품을 간략하게 알려
주는 용도고, 제품설명서는 제품의 기능을 좀 더 자세하게 알려주는
용도가 아닌가요?"

"맞아, 그리고 틀렸다. 이 둘의 가장 큰 차이는 목적이다. 제품광
고, 즉 전단지는 제품을 사게 만드는 용이야. 제품을 구매하기 전의
소비자들에게 우리 제품을 사야 할 이유를 말해주고 설득하는 용이
지. 반면 제품설명서는 제품을 이미 구매한 사람들에게 주는 거야.
구매한 사람들에게 제품을 사용하는 법을 알려주는 용이지. 이 이야
기를 왜 하는지 아냐?"

"솔직히 잘 모르겠습니다."

"모르는 게 자랑이다 인마. 니들이 적어야 하는 자소서는 광고전
단지인데, 니들은 제품설명서 같은 자소서를 적고 있다는 거야. 잘
생각해봐. 니들은 아직 팔리기 전의 제품들이야. 니들을 사는 건 회
사란 이름의 소비자고. 당연히 그 소비자들에게 노출해야 하는 건
전단지라는 거지. 니들이란 제품을 사야 할 이유가 매력적으로 적
힌. 근데 니들은 어떤 자소서를 적었는지 생각해봐. 니들이 얼마나

잘났는지, 얼마나 많은 특기가 있는지, 얼마나 많은 가능성이 있는지, 그리고 또 얼마나 열심히 살아 왔는지까지, 죄다 니들 이야기잖아. 죄다 니들을 설명하고 있다는 거야. 정작 사는 사람의 입장은 개나 준 듯 신경 쓰지 않는다는 거지. 그게 니들 자소서의 가장 큰 문제점이다."

머리를 한 대 맞은 기분이 드는 연비였다. 그런 쪽으로 생각해본 적도 없었다. 아니, 그 어떤 사람이 자소서를 전단지와 설명서와 비유해 생각한단 말인가.

하지만 동시에 그의 말엔 묘한 통찰이 있었다. 많이 쓰진 않았지만 자신의 자소서도, 그리고 자기가 봤던 스터디 그룹 사람들의 자소서도 굳이 비유를 하자면 전단지가 아닌 설명서의 느낌이 강했기 때문이다. 자기에 대한 내용을 최대한 멋지고 극적으로 표현하기 위해 무던히 노력하지만, 그래서 자소설이란 신조어를 탄생시켰지만, 정작 그 글들은 내가 어떤 사람인가를 설명하기 위함이지, **나라는 사람을 팔기 위함**은 아니었다는 생각이 들었다.

"목적을 망각해서다. 자소서가 됐든 자소설이 됐든, 그딴 건 상관없어. 중요한 건 모든 글엔 각자의 목적이 있다는 거지. 자소서라는 글의 목적은 자기를 팔기 위함이야. 듀센베리라는 광고인이 이야기했지. '사람들이 구매하는 제품은 자신들이 잘 이해하고 있는 제품이 아니라 자신들에게 필요한 제품'이라고. 그럼 자소서에 담아야 하는 내용도 '나는 이런 사람입니다'가 아니라 '나는 당신에게 필요한 사람입니다' 이게 돼야 한다는 거야."

"… 무슨 말인지 이해가 됩니다."

"기억해라. 니들이 적어야 하는 건 설명서가 아니다. 찌라시다. 그것도 아주 매력적인 찌라시."

"알겠습니다."

"나머지는 잠깐만 있어봐. 내가 여기 어디에 적어뒀는데…"

이합은 자신의 다이어리를 펼치고 바쁘게 뒤적거린다. 잠시 뒤, 다이어리의 한 페이지를 찢어 연비에게 건넨다.

"신입들이 들어오면 면담할 때 알려주는 광고의 기본들이다. 이것만 지켜도 광고 한 편 잘 나오는데 애새끼들이 대부분 이걸 안 지켜. 여기 적혀 있는 법칙은 자소서에서도 결국 똑같이 적용된다. 읽어 보고 무슨 말인지 생각해봐. 10분 준다. 니랑 이야기가 좀 길어질 거 같아 급한 거 좀 먼저 처리하고 와야겠다."

연비가 채 대답을 하기도 전에 종이 한 장을 건네곤 이합은 일어난다. 덩그러니 남겨진 연비는 그의 쪽지를 본다. 거기엔 그의 성격을 다시 보여주는 것처럼 짧디짧은 몇 줄의 글이 적혀 있다.

'광고는 임팩트가 다야, 멍청아!'

'기억되고 싶냐? 슬로건이다.'

'제품 가치를 왜 말해? 소비자 이익을 말해야지.'

'KISS 해라, 애인 말고 광고랑 인마.'

암호해독이라도 하는 양, 그 글을 이해하려고 노력하는 동시에 연비의 머릿속은 한 마디 말로 가득 찼다. '자소서는 설명서를 만드는 것이 아니라 찌라시를 만드는 작업이다'라는 그 한마디.

13

임팩트가 없다는 것은
기억되지 않는다는 것이다

"하루에 니 두 눈에 노출되는 광고가 몇 건일 거 같냐?"

정확히 10분 뒤, 자리로 돌아온 이합이 자리에 앉자마자 묻는다. 내용은 이해했는지, 어떤 느낌인지 따위의 질문은 그에게 무의미해 보인다.

"세어보진 않아서 모르겠지만, 적어도 100개는 되지 않을까요?"

"우리가 하루에 접하는 광고의 수는 3,000개 이상이다."

"세상에, 그렇게나 많을 줄은 생각도 못했습니다."

"그것보다 더 많은 자소서를 채용담당자들은 읽어야 한다. 광고보다 훨씬 많은 글들이 적힌 자소서를 말이다. 상상이 되냐? 얼마나 고된 작업일지 말이야. 그런 그들의 눈에 띄어야 한다. **띄어야 읽히고, 읽혀야 평가 받을 수 있으니까.** 그러니 제일 첫 번째 중요한 게 뭐겠냐? 임팩트다."

"듣고 보니 그렇군요. 임팩트…"

"나도 채용 시즌에는 수많은 자소서를 본다. 못 봐도 수천 명의 자소서는 봤을 거다. 그중 기억에 남는 자소서들은 모두 그 나름의 임팩트가 있었다. 자율 양식으로 자소서를 쓰라고 했더니, 어떤 놈은 자소서를 이렇게 써왔더라."

급한 일을 처리하고 돌아오는 길에, 자기 책상에서 들고 온 서류 뭉치들 중 한 장을 연비에게 건넨다. 거기엔 누군가가 쓴 자소서가 들어 있었다.

광고가 하고 싶어서

많이 배워야 한다기에,

아직까지 지워지지 않은 썩은 살이 엉덩이에 생길 때까지

무작정 책만 보았습니다.

광고가 하고 싶어서.

많이 알아야 한다기에,

글을 좀 더 배우려고 문예창작을,

사람을 좀 더 이해하려고 심리학을.

전공 욕심이 왜 이렇게 많냐는 핀잔에 웃으며 공부했습니다.

광고가 하고 싶어서.

많은 사람을 이해해야 한다기에,
광고동아리, 광고학회, 공모전 모임, 토론동아리, 국외 봉사활동.
가림 없이 언제나 사람 냄새가 있는 곳이면 있었습니다.
광고가 하고 싶어서.

많이 겪어야 한다기에,
광고 공모전, 영상 공모전, 인쇄 공모전, 마케팅 공모전,
그리고 뉴욕 페스티벌까지
광고로 겪을 수 있는 공모전은 다 해봤습니다.
광고가 하고 싶어서.

많이 봐야 한다기에,
일본, 중국, 베트남, 캄보디아에서
남아프리카, 잠비아, 보츠와나, 모잠비크, 짐바브웨까지
세상을 보러 떠나봤습니다.
광고가 하고 싶어서.

절실해야 한다기에,
어느 PC방 더러운 화장실 한쪽에서
몇 주간 못 잔 피로를 입으로 쏟아 내고서도,
담배 한 모금 먹고 웃으며 다시 기획서를 썼습니다.

광고가 하고 싶어서.

앞으로 해야 할 것이 무엇이든, 어떤 것이든,

그게 설사 하기 싫은 일이더라도, 하고 싶습니다.

광고하는 데 필요하다니깐, 광고하는 데 해야 한다니깐.

정말, 광고가 하고 싶어서.

"인마는 내가 직접 뽑았다. 자소서를 보고 더 볼 것도 없다고 생각했지. 내가 지금까지 본 모든 사람 통틀어서 제일 광고에 대한 간절함이 들어 있었거든. 이 바닥에서 살아남으려면 능력도 능력이지만, 쉽게 지치지 않는 인내심이 가장 필수인데, 얘는 그게 보였거든."

"시의 형태로 자소서를 쓴다라, 생각지도 못한 발상이네요."

"면접장에서 물어봤다. 왜 이렇게 썼냐고, 바로 이렇게 대답하더라. '자소서도 결국 광고인데 광고쟁이한테 보여줄 광고가 길어서야 쓰겠습니까. 임팩트 있게 할 말만 전달하는 게 최고 아니겠습니까.' 걔한테 이야기했지. '너 이 새끼, 광고하려고 태어난 놈 같다'고."

"그런 식으로 활용할 수도 있겠네요, 놀랍네요."

"근데 저런 시와 같은 형태로 제출할 수 있는 회사가 몇이나 되겠냐?"

"거의 없겠죠. 아무래도 정해진 형식대로 적어야 하는 것이 대부분의 공채니까요."

"맞다. 뭐 몇몇 기업은 아예 질문을 나누지 않고 에세이 형식으로 본다고는 하더라. 그래도 아직까진 정형화된 규칙에 맞춰서 쓰도록 되어 있는 곳이 대부분이지.

다만, 정형화된 규칙에 맞춰서 쓰라는 말이 글을 무슨 알파고 바둑 두는 마냥 딱딱하고 기계적으로 쓰라는 말은 결코 아니다. 구조, 형식과 같은 외적요소를 이용한 임팩트가 힘들다면, 글 자체를 매끄럽게 보이게끔 간결하게 만들어야지. 똑같은 500자라도 어떤 글은 몇 번을 읽어도 이해가 안 되는 반면에 어떤 글은 읽는 것과 이해되는 것이 동시에 되니까 말이다.

방식의 임팩트가 힘들다면, 최소한 가져야 할 임팩트는 그래서 글솜씨인 거야."

"글솜씨라…"

"결국 사람이 읽는 거니까, 눈에 잘 들어오는 글, 임팩트가 있는 글은 최소한 잘 써진 글이라는 거지. 요즘 애들은 그걸 간과해. 시험공부하듯 쓰는 방식과 요소들은 달달 외우면서, 글 자체에 대한 고민이 없는 거지. 그러니 안 읽히고, 안 읽히니 채용담당자의 눈에서 그냥저냥 멀어지는 거지.

취업 스터디? 좋다 이거야, 근데 서로 맞춤법 고쳐주고 형식 고쳐주고 하는 시간에 정작 더 중요한 필력은? 그거 못하는 애들끼리 모여 있는 거잖아. 피드백을 받더라도 어쭙잖은 취업 컨설턴트에게 받을 시간에 국문학과, 문예창작과 다니는 친구한테 받는 게 더 나을 수도 있다는 거야.

자기소개서는 형식이 글이라는 걸 기억해라. 그렇기 때문에 **가장 기본은 글솜씨일 수밖에 없다**는 점, 꼭 명심해라."

조금 흥분한 목소리로 이합이 말을 이어나갔다.

"우리 회사 인사팀이 취업 시즌에 지들끼리 다짐하는 게 있어. 자소서에 현혹되지 말자. 자소서는 신춘문예가 아니다. 그렇게 다짐들을 하지. 그 말의 모순이 뭔지 아냐?"

"… 노자의 '도가도 비상도'가 생각나네요, 언뜻."

"허허, 이 자식 봐라, 통찰력의 눈곱 정도는 보이는데? 맞다. 자소서에 현혹되지 말자라고, 신춘문예가 아니라고 자기 다짐을 매년 하는 것 자체가 이미 자소서에 적혀 있는 글들에 본인들의 마음이 흔들린다는 의미인 거야.

기억해라, 결국 글이다. 읽혀야 하고 그러려면 임팩트가 있어야 한다. 형식으로 주던 글솜씨로 주던."

질문 한 명의 자소서를 보는 데 시간이 얼마나 걸리는가? 실제 잘 쓴 비율은 어느 정도인가?

자소서 보는 시간	비율	자소서 잘 쓴 비율	비율
5분	27.8%	10%	50%
3분	18.9%	5%	27.8%
10분	18.9%	20%	11.1%
2분	14.4%	30%	11.1%
1분	10%		
4분	10%		

시간에 대한 답변 자소서를 보는 거랑 제대로 보는 건 다른 거죠.

한 명당 5분 이내로 보죠. 매우 짧은 시간인 것 같지만 볼 수 있습니다. 떨어뜨리는 애들은 30초도 안 걸리고, 읽다가 아니다 싶으면 바로 스킵해버리거든요. 대각선으로 쭈르륵 내려가면서 키워드 중심으로 보고 있어요.

잘 쓴 비율에 대한 답변 자소서 잘 쓴 친구는 서류 통과인데, 그런 친구가 잘…

평범하게 쓴 친구들은 60퍼센트 정도 되는데 다들 비슷한 내용이다 보니 변별력이 없고요. 30퍼센트 정도는 정말 못 쓴 친구들이라서 바로 탈락이죠. 잘 쓴 친구들은 10퍼센트? 정확하게 말씀드리면, 잘 써서 10퍼센트라기 보다, 그나마 그중에서 괜찮은 자소서가 10퍼센트인 거 같아요. 정말 잘 쓴 친구들은 5퍼센트 되려나? 삶에서 정확한 지원동기가 묻어나는 친구들이 가끔씩 있거든요. 그런 친구들은 좀 부족하더라도 자소서 점수를 높여서 무조건 서류를 붙여주죠. 자소서를 잘 쓰는 건 정말 중요해요.

서류에서 눈에 띄기가 되게 쉽더라고요. 다 못 쓰니까 조금만 잘 써도 팍 올라가요. 하루에 150명 본다고 생각해봐요. 되게 지치는 거예요. 보다가 '아, 얘도 똑같네.' 그럼 안 보는 거예요. 뭔가 조금이라도 남들과 다른 경험을 했던 친구는 눈에 확 들어와요.

잘 쓴 비율에 대한 답변 저는 지방대 출신이라서 자소서를 진짜 다 봤었거든요. 제가 필터링을 많이 당했던 학교다 보니 '나는 다 봐줘야지'라는 생각을 가지고 있었는데 변별력이 없더라고요. 자소서를 보고 난 뒤 '이 친구는 뽑아야지' 이런 애가 단 한 번도 없었어요. 그놈이 그놈이란 느낌을 지울 수가 없어요. 특별한 애는 스펙을 무시하고 올릴 수 있는데 그런 애가 없죠.

14

슬로건으로 기억되기.
제목으로 기억되기

"기억에 남는 광고 있냐?"

"예전에 봤던 카메라 브랜드 광고가 기억에 남습니다."

"뭐가 기억에 남게 하디?"

"카피가 되게 멋있었거든요. '기록은 기억을 지배한다'라는 카피였어요. 카메라가 가진 기록성을 아주 멋지게 표현한 광고였습니다."

"그래, '부자 되세요', '일요일엔 오뚜기 카레', '오늘은 내가 짜파게티 요리사' 등, 사람들 입에 오랫동안 회자되는 광고들은 모두 슬로건으로 기억된다. 자소서도 마찬가지다. 결국 수천 건의 경쟁작들 속에서 살아남으려면 기억에 남아 있어야 하지. 기억에 남아 있기 위해선 자소서 역시 슬로건이 필요한 거야. 그 **슬로건이 바로 자소서의 첫 번째 줄인 제목**이다."

"자소서의 제목이라…"

"요즘은 다들 기교만 늘어서 제목은 달지. 맨 위에 [   ] 이런 괄호 쳐가며 말이다. 근데 대부분 적은 것들을 보면, 그냥 자기가 적은 내용을 요약한 것에 불과해. 그 제목이 얼마나 중요한지 모른단 말이다."

"제목의 중요함이라, 정확히 무슨 의미죠?"

"기사를 쓸 때 '3/30/3'의 법칙이란 게 있다. 헤드라인에 3초간 눈이 머무르게 해야, 사람들은 해당 기사의 요약 내용을 30초 동안 읽고, 30초 동안 마음을 뺏어야 전체 기사를 읽는 데 3분이란 시간을 할애한다는 뜻이지. 자소서도 마찬가지야. 자소서의 첫 번째 줄인 제목은 단순히 자기가 적은 내용의 요약을 넘어서야 한다는 이야기다. 바로

그 뒤의 자소서를 읽게 만드는 힘이 돼야 한다

는 거지. 기억에 남는 경험을 적으라는 항목이 있다고 치자. 누군가가 백화점 의류 매장에서 아르바이트한 내용을 적었다고 치자. 그리고 제목을 [3개월의 아르바이트, 고객을 배우다] 이렇게 적었다고 하자. 그 뒤에 내용을 읽고 싶겠냐?"

"저 말을 보면, 뒤에 대충 어떤 내용이 적혀 있을지는 알 것 같은데 계속 읽고 싶지는 않은…"

"바로 그거지. 저렇게 뻔하게 요약을 해버리면 본글에 대한 기대감을 떨어뜨릴 뿐더러 심지어 뒤에 글을 읽기 싫게 만드는 거지. 읽히지 못한 글은 서류전형에서 탈락하는 거고.

예전에 누가 똑같은 백화점 의류 매장 아르바이트 이야기의 요약을 이렇게 해놨더라. [명품 매장에 명품 고객만 오진 않습니다] 그걸 보고 궁금해졌지. 그래서 읽어 보니 명품 의류 매장에서 오랫동안 근무를 했기 때문에 옷을 파는 것은 자신이 있다고 생각했단다.

그런데 열 번이 넘게 방문하면서 옷은 사지도 않고 유독 매장을 대여실처럼 생각하며 계속 입어만 보고 가는 고객이 있었다네? 명품을 살 수 있는 고객처럼 보이지는 않았지만, 명품 옷을 못 가져가도 명품 서비스만큼은 드리자는 마음으로 따뜻한 차도 드리고, 고객에게 맞는 옷도 골라드리고, 신상품도 안내해드리는 등 최선을 다했다고 하더라고. 열두 번째였나, 결국 그 손님이 200만 원 상당의 정장을 구입했는데, 알고 봤더니 그게 그 손님의 인생에서 첫 월급이었던 거야. 신중할 수밖에 없었던 거지.

사실, 우리 같은 일반인에게 명품은 1년에 한두 번 정도 살까 말까한 큰돈이잖아. 그러면서 우리 회사를 찾아오는 고객이 모두 명품일 수는 없겠지만, 나갈 때만큼은 명품으로 느낄 그런 회사를 만들고 싶다고 하더라. 어떠냐?"

"멋지네요."

"그렇지, 멋지지. 그 멋짐을 내가 너한테 이야기할 수 있는 건 그 한 줄에 마음이 빼앗겼고 그래서 그 글을 자세히 읽었기 때문이지."

"무슨 말씀을 하시려는지 알 것 같습니다."

"제목이 매력적이어야 한다. 그걸로 채용담당자는 전체를 어떤

자세로 읽을지 결정할 거니까 말이다. 더욱이,

제목이 매력적이라면 그 글 전체가 매력이 없을 수가 없다.

제목을 매력적으로 적었다는 것은 자소서의 항목에 이미 나름의 통찰이 담겨 있다는 뜻이니까. 처음 하는 말이 진부하다는 건 결국 전체의 글이 진부하다는 걸 의미하는 거다. 제목이 전체 글에 대한 요약임은 틀림없으니까. 요약에 매력이 있다는 말은, 그 글에도 매력이 있다는 것이지.

결국 제목을 잘 뽑으려면, 이미 글에서 그 요소들이 있어야 한다는 거다. 처음 말한 임팩트의 연장선상이지. 매끄럽게 쓰는 것만큼, 글에 자신만의 통찰을 담을 것. 그걸 한마디로 뽑아내는 것이 바로 제목이자 자소서의 슬로건이다."

15

자기 가치가 아니다.
기업의 이익이다

"'제품 가치가 아닌 소비자 이익이다'라는 이야기는 무슨 말인가요?"

"흔히들 말하는 재수 없는 놈들이 어떤 놈들이냐?"

"뭐… 여러 종류가 있겠죠."

"난 지 자랑만 내뱉는 놈들이 특히나 싫다. 자기 잘난 이야기만 하는 놈들은 딱 질색이다."

"그건 저도 그렇습니다. 누구나 그렇겠죠."

"광고도 마찬가지다. 그래서 어떤 광고도 자사 제품의 자랑으로 끝내는 광고는 없다. 결국 하는 말은 그 장점이 소비자에게 어떤 이익이 될 수 있는지를 말하는 거지. '브레이크가 끝내주게 잘 듣는다'만 말하는 자동차 광고는 없다. 그 브레이크로 이 차를 사는 사람의 생명을 지켜줄 수 있을 거란 이야기를 하지. 커피 맛이 겁나 좋다고만 말하는 광고도 없다. 사람들이 그 커피를 먹고 얼마나 행복할 수 있을지를 반드시 보여주지. 자소서도 마찬가지다."

"자기의 잘남을 말하는 것이 아니라, 그 잘남이 기업에게 주는 이익을 말해야 한다는 거군요"

"바로 그거야. 근데 많은 애새끼들이 이걸 몰라. 그래서 끊임없이 자기 자랑만 해대지. 자소서의 귀중한 공간을 자기 자랑으로 꽉꽉 채우곤 글자 수가 적어서 하고 싶은 말을 다 못 적었다는 개소리들을 하는 거야."

"…"

역시나 입이 참 거칠다고 다시 한 번 느끼는 연비였다.

"링컨이 이런 이야기를 했지. '나는 당신이 어떻게 실패했는지엔 관심이 없다. 당신이 그 실패를 어떻게 극복했는지에 관심이 있다' 라고. 마찬가지다. 기억해둬라.

기업은 너의 자랑과 이야기엔 일절 관심이 없다

너의 유년시절에 관심이 없다. 그 시절을 보내고 배운 가치가 우리 기업에 어떤 도움이 되는가에 관심이 있지. 장단점에 관심이 없다. 그 장단점이 우리 기업에 어떻게 도움이 되는지에 관심이 있지. 고난의 순간과 극복하는 과정에도 관심이 없다. 그걸 통해 배운 가치가 일을 하는 데 어떤 도움이 되는지에 있지.

더욱이 채용담당자는 수천 건의 자소서를 봐야 하는 입장에 있다. 그렇기에, **채용담당자는 결코 자소서의 내용을 추론해서 판단하지 않는다.** 마치 자기 자랑만 하는 광고를 소비자가 보면서, 저 자랑이 나에게 이런 도움이 되겠구나를 일일이 추론하지 않듯이 말이다. 따라서 자소서를 적는 본인이 자기 가치를 기업 이익에 어떻게 연결시킬 건지는 미리 결정을 해야 하고, 그걸 자세히 적어야 하는 거지. 그리고 바로 이것이!"

이합은 잠시 숨을 고른다.

"이 부분 아주 중요하니까 밑줄 쫙이다. 바로 이 점이, 같은 스토리를 가지고도 지원하는 기업의 성향에 따라 다르게 해석해서 적어야 하는 이유다. 기업이 다르면 항목이 같더라도 자소서에 CTRL + C, CTRL + V를 해서는 안 되는 이유라는 거다."

"기업의 성향에 따라 다르게 해석한다…"

"나도 가끔 채용설명회 같은 데 가서 취업강연을 하는데, 애새끼들 보면 참 한심한 게 질문에만 관심을 가진다는 거야. 정말 중요한 건 누가 그 질문을 하느냐인데 말이다."

이 사람은 입이 거칠다. 하지만 동시에 통찰이 있다. 그런 생각을 하는 연비였다.

"'어제 뭐했어?'라는 질문도 친구가 하느냐, 여자친구가 하느냐, 엄마가 하느냐에 따라 대답이 달라지는 거야. 묻는 이의 목적과 성향이 다르니까. 이 당연한 사실을 자소서를 쓸 때는 까먹는다는 거지. 기업이 달라도 질문이 같으면 같은 대답을 하는 거야. 그 기업의 성향과 가치관 따위는 엿이랑 바꿔먹은 양, 그러니 백날 잘 적은 자소서라 생각하는 것들도 떨어지는 거다.”

“자소서의 질문 자체가 아니라, 그 질문의 주체에 대한 해석이라. 전혀 생각지도 못했던 말이네요.”

“너에게 두 번의 봉사활동, 두 번의 공모전 수상이란 스펙이 있다고 가정해보자. 그걸 삼성, 현대, LG에 쓴다고 생각해봐. 그럼 각 기업에 따라 그 기업의 성향에 맞는 이야기를 뽑아서 적어야 한다는 거야. 삼성은 능력지향주의지. 그럼 두 번의 봉사활동에서 더 좋은 봉사활동을 위해 아이디어를 낸 이야기, 수상 과정에서 네가 생각했던 번뜩이는 아이디어에 대한 이야기 등을 가지고 와서 결국 ‘나 일 처리 하나는 잘합니다’ 이걸 강조하는 게 기업 성향에 맞는다는 거지.

반면 현대에 낸다면, 현대는 제일 중요한 게 불도저 정신이거든, 그럼 봉사활동에서 예정과 틀어졌을 때 우직하게 노력해서 결국 완수했다는 이야기나, 공모전에서 기간에 쫓겨 힘들었을 때 밤을 새가며 완수했다는 이야기 등, 결론은 나에겐 현대가 요구하는 프런티어 정신이 있다는 이야기를 해야 한다는 거지.

LG는 어떠냐? LG는 인화사상이 가장 강한 기업이야. 사람 관계를 중요하게 생각한다는 거지. 그럼 봉사활동에서 내부 구성원들이 갈 등이 있을 때 어떻게 조율했는지, 공모전에서 팀원 간 의견이 맞지 않을 때는 화합을 위해 어떤 행동을 했는지처럼 인화력에 대한 이야기를 강조하는 게 필요하다는 거지. 이게 뭘 의미하는지 알겠냐?”

“하나의 경험은 여러 가지의 깨달음을 주기 마련이니, 그 깨달음 중 기업의 성향에 맞는 깨달음을 선택해야 한다는 이야기군요.”

“바로 그거지! 경험은 해석을 기반으로 남기 마련이니, 내가 어떤 틀로 해석하느냐에 따라 그 경험에서 얻은 가치는 여러 가지가 될 수 있다는 거야. 그 여러 가지 것들 중 내가 지원한 회사의 성향에 맞는 이야기를 골라서 말할 수 있는 것, 즉 자기 경험에 대한 자랑이 아니라, 자기 경험이 회사 가치관과 이익에 부합한다고 설득하는 것. 그게 필요하다는 거지.”

“잘 알겠습니다. 생각지도 못한 말이지만 진짜 맞는 이야기인 것 같습니다. 결국 자소서를 쓸 때 흔히들 하는 CTRL + C, CTRL + V 를 하지 말고 맞춤형으로 각각에 맞게 적어야 한다는 거군요.”

“… 참 그 말이 정답이긴 하다만, 이상에 가까운 정답인 것도 사실이지.”

“이상에 가까운 정답이라 하심은…?”

“넌 아직 취업시장에 제대로 안 뛰어들어서 그런 생각을 할 수 있지만, 막상 취업시장에 뛰어들어 이리 치이고 저리 치이다 보면, 네 말이 얼마나 힘든 말인지 깨닫게 될 거다. 각각의 기업이 원하는 인재상에 맞게 적는다는 말, 직접 해보면 결코 쉬운 일은 아닐 거다.

적게는 십수 개, 많게는 수십 개의 자소서를 써야 하는 입장에서 그 수십 개를 모두 다 개별적으로 적는다는 건 멘탈적으로나 육체적으로나 아주 힘든 일이지. 그래서 결국은 예전에 쓴 걸 짜깁기해서 복사 붙이기를 하는 거지."

"…"

"현실적인 정답은 워딩의 맞춤화 정도로만 생각해놓는 게 좋을 거다."

"워딩의 맞춤화는 무엇인가요?"

"모든 내용을 다 새로 쓸 수 없다면, 자소서의 주요 질문들, 즉 어디에나 나올 법한 질문들에 대한 답변을 서너 가지 정도로 준비해둬. 가령, 성격의 장단점이나 어려운 일을 극복한 과정, 성장배경 등은 자주 나오니까 그걸 서너 가지 버전으로 만들어두는 거지. 그 뒤에 각 기업에 지원할 때 그 기업의 인재상을 검색해보고, 인재상에 나오는 핵심 단어들을 자기가 쓴 버전 중 어울리는 내용과 조합해서 제출하는 거지."

"단순한 복사 붙이기가 아니라, 패턴을 만들고 조합하라는 말씀이시군요."

"그렇지, 다만 지원동기는 절대로 그렇게 만들어선 안 돼. 말 그대로 그 기업에 지원한 동기니까, 여기에는 분명 그 회사이기 때문에 할 수 있는 이야기가 들어가야지. 채용담당자들은 지원동기에서 왜 우리 회사인지를 볼 거니까, 자신이 지원한 기업과 직무에 대해 충분히 이해하고 써야 한다.”

“잘 알겠습니다.”

“기억해라. 기업에서 뽑는 사람이란 우수한 사람이고…”

우수한 사람이란 '잘난 사람'이 아니라 '우리 회사와 맞는 사람'이다

＊ 16
자소서와 KISS하라

‘마지막 내용은 무엇일까, 언뜻 봐서는 도무지 이해가 안 되는데…’

처음 받은 쪽지의 내용대로라면, 이제 광고와 KISS하라는 내용과 자소서를 조합한 이야기가 시작될 것이다. 하지만 KISS라는 단어와 자소서는 도무지 맞지 않다고 생각하는 연비였다. 그런 표정을 눈치라도 챈 듯 이합은 말을 이어 갔다.

"여기 적은 KISS는 니가 알고 있는 그 키스가 아니다. 이상한 생각하지 마라."

"아, 그렇군요. 사실 이 부분이 도무지 이해가 안 되고 있었습니다."

"**Keep It Simple&Short**, 단순하고 짧게 표현하라는 뜻이다. 광고를 만들 때 제일 중요하게 생각해야 할 초심이지. 많은 이야기를 15초란 짧은 시간에 하다 보면 소비자는 결국 아무것도 기억하지 못하게 되니까, 언제나 핵심 메시지 한 가지를 간결하게 전달해야 한다는 이야기다."

"단순하고 짧게라…"

"자소서도 마찬가지다. 하고 싶은 말이 너무 많은 자소서, 해야 할 말이 너무 많은 자소서는 그 자체로 시각공해다. 그 모든 말들을 기억할리 만무할뿐더러, 그렇게 적어놓으면 오히려 독이 되는 경우가 허다하지.

예전에 우리 회사에 지원한 녀석이 자소서를 썼는데 성장 과정에서는 인내심과 순발력을 길렀다고 하고, 강점은 창의력이 있고, 약점은 지루한 걸 못 참는 거라고 하더라. 특기는 서핑, 스키, 독서, 여행 그리고 토론이었고, 역량은 열정과 패기, 통솔력 그리고 광고 관련 높은 지식이라고 하더라. 입사 후 포부에는 우리 회사의 글로벌 진출을 이끌겠다더라.

다 하고 싶은 말이었겠지. 다 간절함이었겠지. 근데 말이다, 그걸 다 읽고 나면, 이 새끼는 순발력과 인내심이 뛰어나고, 창의력도 뛰어나고, 서핑, 스키를 즐기는 스포츠 마니아에 독서를 좋아하는 교양 있는 사람. 그리고 여행을 즐기는 여행가이자 토론을 잘하는 달변가이며, 열정과 패기로 사람을 통솔하는 장수의 그릇이자, 높은 지식 수준까지 겸비한 군사의 그릇이라 회사를 글로벌로 이끌 유일무일한 가치가 있는 사람이 되더라고."

"… 무슨 말씀이신지 알겠습니다."

"이 정도면 지가 회사를 차려야지, 왜 남의 회사에 말단으로 들어오려고 하나란 생각이 들더라. 우리가 무슨 어벤져스 한국 팀원 선발하는 것도 아닌데⋯ 이력서의 기본 스펙이 워낙 뛰어나서 면접에는 붙였다만은 면접 자리에서 딱 한마디 해줬다. '마, 커피에 설탕이 너무 많으면 그 커피는 달아서 못 먹는다.'"

"한 번에 와 닿는 말이네요. 커피에 설탕이 많으면 달아서 못 먹는다는 말⋯"

"자소서를 여러 개의 단락으로 이루어진 한 편의 소설이라 생각해라. 여러 개의 단락이 결국 자소서의 항목들인 셈이지. 톨스토이가 이야기했던 완성이란 '덧붙일 것이 없는 상태가 아니라, 더 뺄 것이 없는 상태'라고 하더라. 자소서도 마찬가지인 거지. 이것저것 붙이는 것이 아니라, **빼고 빼고 또 빼서 직관적으로 기억할 수 있는 단 하나의 메시지를 채용담당자의 머릿속에 남기는 것.** 물론 그 메시지란 '나는 이 기업에, 이 직무에 맞는 사람이며 회사의 이윤창출에 기여할 수 있는 사람입니다' 이거겠지."

"갑자기 명언들이 많이 나오는 걸요? 덧붙일 것이 없는 게 아니라, 더 뺄 것이 없는 상태라⋯"

"소설은 구상이 반이라고 하더라. 자소서도 구상이 절반이다. 자소서를 간결하고 직관적으로 만들기 위해서는 항목을 허둥지둥 채워나가기 전에, 소설을 쓰듯 구상을 해야 한다는 거지. 지원하는 회사와 직무에 대해 파악하고, 그것에 부합하는 자신의 가치를 선별해 자소서 전반에 고르고 일관적으로 분포시킨 후에 글을 적어야 자소서도 KISS가 가능해진다.

예를 들어보자. 현대중공업 현장관리에 지원한다고 치자. 그럼 자소서를 쓰기 전에 자기가 전할 핵심 메시지를 미리 정하는 거야. 가령 '현대가 가진 불도저 정신이 나에게도 있음을 어필하자' 이걸로 정했다면, 그 이후에는 각 항목에 그런 성향들을 분포시키는 거지. 성장 과정에는 인내심을, 장점에는 일을 완수하는 자세를, 프로젝트 경험에는 어떤 악조건 속에서도 일을 완수했던 경험을 분포시키고, 마지막 입사 후 포부에는 현대의 불도저 정신을 계승하는 일꾼이 되겠다는 내용으로 적는 거지.

이렇게 구성해놓으면 자소서가 일관되게 유지될뿐더러, 각 내용들이 조합되어 '아, 이 친구는 인내심과 책임감, 도전을 토대로 현대의 불도저 정신을 가진 친구구나'라는 핵심 메시지를 전달할 수 있게 되는 거지."

"한 번도 그렇게 생각해본 적이 없는 것 같네요. 자소서를 적을 때 각 항목에만 너무 치중해서 생각하느라…"

"나무 하나를 자세히 보는 것만큼 숲 전체를 보는 시각도 필요한 법이지. 더하는 것도 좋지만 빼는 것이 더 중요한 법이고."

"좋은 말씀 감사드립니다."

"낯간지러운 소리 집어치워라. 인터뷰 시간이 벌써 이렇게나 지나갔네. 내가 해줄 이야기도 대충 다 한 거 같다. 이해 안 되거나 어려운 부분은 없었지?"

"네. 워낙 말씀을 잘해주셔서 나머지는 제가 정리를 하면 될 것 같습니다."

"그래, 우리가 다시 볼 날이 있을지는 모르겠다만, 인연이 되면 또 보자. 밖에 일처리 할 게 산더미다. 먼저 일어나볼 테니까 내용 정리 할 거 있으면 정리하고 알아서 가라."

처음 모습과 같이 연비의 대답을 듣기도 전에 이합은 자리에서 일어났다. 그의 한결 같은 태도야 말로 자소서에 담아야 할 초지일관이 아닐까란 농담을 스스로에게 던지는 연비였다. 혼자 남은 사무실에서 연비는 노트를 꺼냈다.

여덟, '제품설명서'가 아닌 '제품광고' 같은 자소서를 적어야 한다.

아홉, 임팩트가 없다는 건 기억되지 않는다는 것이다.

열, 자소서의 제목은 그 다음을 읽게 만드는 힘이다.

열하나, '잘났다'는 말이 아니라 '필요한 사람'이라는 말을 해야 한다.

열둘, 채용담당자가 직관적으로 이해할 수 있게 간결하게 적어야 한다.

내용을 채운 후 연비는 잠시 눈을 감았다. 오늘 들었던 이야기를 머릿속으로 되새김질하듯 하나하나 생각해보는 연비였다. 전혀 몰랐던 내용들과 기존에 잘못 알고 있었던 내용들이 머릿속에 스며들어 조금씩 조합이 되어가는 느낌이 들었다. 그렇게 하나씩 하나씩 연비는 알아가고 있었다.

질문 자소서의 가장 큰 문제점은 무엇인가?

1위 [회사 명칭 틀림]   22%

2위 [복사하기, 붙여넣기]   13%

2위 [분량 부족] 80% 이상 적어야 함   13%

4위 [백화점식 경험/스펙 나열]   11%

5위 [틀에 박힌 스토리]   10%

6위 [추상적인 문장과 미사여구]   9%

7위 [기타] 회사 내용 틀린 정보, 맞춤법, 자기소개서로 착각   22%

답변 잘 쓴 자소서를 뽑는다기보다, 못 쓴 자소서를 골라내는 거죠.

수백 명의 자소서를 읽다보면 그 사람이 궁금해서 읽게 되기보단 실수한 것이 없는지 위주로 보는 경우가 많아요. 붙을 사람을 찾는 것보다 떨어뜨릴 사람을 찾는 게 훨씬 빠르거든요.

틀린 것만 없어도 살아남을 확률이 높다는 거죠. 아직도 회사명을 틀리는 친구들이 많아요. 실제로 면접에 올라갔을 때 윗사람이 "왜 이런 걸 뽑았냐?"라고 하면 곤란하기 때문에 저는 떨어뜨려요.

기본 자소서 분량의 80퍼센트 이상 적는 것은 성의 문제예요.

글자 수를 80퍼센트 이하로 적으면 서울대를 나왔더라도 무조건 탈락시켜요. 자소서 분량이 500바이트이면 400바이트 이상은 적어야 한다는 거죠. 최소한의 성의잖아요. 자소서를 쓸 때 분명히 500자 내외로 쓰라고 했는데 300자 쓰고 뽑히길 기대하는 사람이 되게 많은 거 같아요.

금지사항 백화점식 경험 나열은 의미가 없어요.

자신이 한 경험이 아까워서 못 버리다 보니, 하고 싶은 말이 너무 많은 거죠. 하지만 경력 나열 같은 거는 안 보게 되요. 뭐 했고, 뭐 했고… 그래서 뭘 말하고 싶은 거야? 한 개의 사례를 구체적으로 적으면서, 한 개의 역량으로 어필을 해야죠. 여러 개 파는 애들이 제일 싫어요.

0점 소재 제발 적지 마세요. 군대 경험, 조 발표, 동아리 경험

군대 경험, 학교 수업 A+ 받은 경험 무조건 0점이에요. 너무 뻔한 스토리니까 좋은 점수를 줄 수 없죠. 제일 쓰지 말아야 할 소재가 군대, 수업 얘기인데, 이게 절반 이상이더라고요. 군대 경험을 적을 거면 최소한 아프가니스탄 정도는 갔다 왔어야죠.

CHAPTER 3

자기소개서에
버리는 퍼즐은 없다

무엇보다 잊지 말아야 하는 것은,

자소서 각 항목별 질문에 대한 출제자의 의도를 판단해야 한다는 겁니다.

팀워크를 물어보는 질문에 도전 정신을,

창의적인 경험을 물어보는 질문에 책임감을,

직무역량을 물어보는 질문에 열정 같은 태도를 얘기하지 말라는 거죠.

출제자의 질문에 따라 그와 적합한 인재상과 직무역량을 적절히 조합하는 것이

좋은 점수를 받을 수 있는 자소서입니다.

문제를 낸 출제자의 의도 속에 출제자가 원하는 답이 숨어 있으니까요.

_H기업 인사담당자

17

채용담당자의 입장에서
자소서를 말하다

"어땠어요, 만남이?"

이합과의 인터뷰를 마친 주의 금요일, 연비는 다시 장선생의 사무실을 찾았다. 자연스럽게 인터뷰에 대한 질문으로 장선생은 대화를 이어나간다.

"여러 가지 의미로 신선했습니다. 많이 배우기도 했고요."

"'비록 내 부모를 해친 자라 하더라도 능력이 있다면 중용하겠다.' 조조의 말이에요. 조조의 말은 이 사람을 위해 쓰였겠구나라고 생각하게 만드는 사람이죠. 분명 인간적인 면에서 보자면 쉬이 납득되지 않는 성향도 있지만 내겐 꼭 필요한 사람이죠. 아마 연비 씨에게도 도움이 되었을 거고요."

"네, 정말 많이 배웠습니다."

"이야기를 나누기 전에 그것부터 확인해야겠군요. 어떤 이야기들을 나누었죠? 또 어떤 것들을 배웠나요?"

연비는 인터뷰에서 나누었던 대화들을 자신이 이해한 대로 장선생에게 이야기하기 시작했다. 이야기를 모두 들은 장선생이 슬며시 미소를 짓는다. 자신이 예상한 방향을 정확히 짚고 넘어가준 이합에 대한 고마움의 미소였다.

"처음에 인터뷰를 보낼 때, 과연 그 사람이 어떤 방식으로 이야기해줄지 궁금했었는데, 그 사람다운 방식으로 이야기를 전해주었네요. 연비 씨가 그 사람에게 들은 이야기는 한마디로 자소서라는 조각을 제작자의 입장에서 어떻게 조각할 것인가에 대한 전체적인 이야기예요. 그의 말대로만 조각할 수 있다면, 훌륭한 자소서란 한 편의 작품이 탄생할 수 있을 거예요.

그런데 그 작품은 조각가 자의로 만드는 작품이 아니라는 것이 오늘 우리가 나눌 이야기의 방향이에요."

"좀 더 구체적으로 말씀해주시겠어요?"

"자소서란 조각은 결국 채용담당자라는 의뢰인의 요구를 통해 만들어진다는 거죠. 조각가의 기술을 충분히 배웠으니, 오늘은 의뢰인의 요구를 중점으로 이야기를 나눠보죠.

채용담당자의 시각에서 자소서란 무엇일까요? 왜 그런 작품을 만들라고 취준생들에게 요구하는 걸까요?"

"채용이 시스템에 들어갈 부품을 선발하는 작업이라면, 결국 자소서도 적합한 부품인지 아닌지를 판단하기 위한 기준으로 요구하는 것이 아닐까요?”

“점점 대답에 구체성이 담기기 시작하네요. 아주 좋아요. 맞아요. 거기에 조금만 더 거시적 시각을 대입해보죠. 채용은 시스템을 뽑기 위한 과정이고 그 과정은 두 가지로 이루어진다고 말했었죠. 걸러내는 작업과 뽑는 작업. 그리고 걸러내는 작업은 다시 두 가지로 나누어지죠. 1차 서류전형과 2차 인적성검사로 말이죠.

1차 서류전형에서 보는 건 두 가지예요. 이력서와 자소서, 이 두 가지를 가지고 처음 걸러내기 작업을 시작하는 거죠. 가장 먼저 하는 필터링 작업이 끝나면, 기업은 자소서와 이력서를 가지고 인적성검사를 볼 사람들을 뽑아냅니다. 이력서를 통해서는 지원자가 우리 채용의 기준에 적합한 스펙을 갖추었냐를 판단한다고 말했어요. 그렇다면 기업은 왜 많은 시간을 들여 굳이 자소서를 보려고 하는 걸까요?”

“음… 걸러내는 데 스펙만으로는 판단할 수 없는 근거들을 검증하는 용도가 아닐까요?”

“맞아요. 이해가 빠르네요. 기업이 자소서를 보는 이유는 스펙으로는 볼 수 없는 근거들을 검증하기 위함이에요. 정확히는,

스펙만으로는 추론할 수 없는

‘우리 기업과의 적합성’을 자소서를 통해 검증

하는 것이죠."

"우리 기업과의 적합성이라, 이합 부사장이 말했던 '기업은 자신과 맞는 사람을 뽑는다'는 말과 같은 의미군요."

"맞아요. 이력서의 스펙 대부분은 기업과 직접적인 연관이 없잖아요. 학벌과 학점, 어학 점수 등은 모든 기업에서 요구하는 일종의 통행증 같은 거죠. 물건을 걸러내는 채로 따지자면 이력서의 스펙은 조금 구멍이 큰 채인 거죠. 그 채를 통해 걸러진 알맹이들을 이번에는 각 기업의 적합성이란 좀 더 작은 구멍의 채로 한 번 더 거르는 것. 그 작은 구멍의 채가 자소서라는 거예요. 그 채를 통해 각 기업의 시스템에 맞는다고 판단되는 알찬 알맹이들을 최종적으로 거르는 것이죠."

"어떤 말씀이신지 알 것 같습니다."

"채용담당자의 시각에서 자소서를 바라봐야 해요. 그래야 그들이 원하는 기준에 대한 이해가 가능해져요. 무엇보다 닭과 달걀의 불필요한 논쟁도 피할 수 있고요."

"닭과 달걀의 불필요한 논쟁이요?"

"쓸 곳 없는 소모전 말이에요. 정말 많은 사람들이 이력서가 중요하냐, 자소서가 중요하냐를 놓고 갑론을박을 하죠. 그리고 사람들마다 각기 다른 이야기를 해요. 어느 기업을 보니 이력서보단 자소서에 치중해서 판단한다더라, 어느 기업은 아무리 잘 쓴 자소서도 이력이 받쳐주지 않으면 소용없다더라 같은 카더라 식 결론과 함께 말이죠.

무의미해요. 결론은 둘 다 중요해요. 두 가지의 역할이 비슷한 것 같지만 다르기 때문이죠. 단순하게 이력서와 자소서는 이와 잇몸이라 생각하면 돼요. 흔히들 이야기하죠, 이가 없으면 잇몸으로라도 때우라고. 여기선 아니에요.

이든 잇몸이든 어느 하나가 없다면 제대로 먹지를 못한다

가 맞아요."

"과연… 그렇겠군요."

"이렇게도 생각해볼 수 있을 것 같군요. 채용시장에서 시스템을 선발하는 작업은 지원자의 인생 전체를 분석하는 작업이에요. 전체란 결국 그 사람의 과거, 현재 그리고 미래를 의미하죠. 채용의 각 과정에서 보는 것이 과거, 현재, 미래로 명확히 구분되어 있진 않아요. 시간은 연속성과 유기성을 지니니까요. 하지만 대략적인 구분은 가능해요. 이력서의 이력은 그 사람의 과거를 보는 작업이에요. 모든 이력은 결국 과거형이니까요. 자소서와 인적성은 현재의 대부분과 미래의 일부분을 보여주죠. 자소서에 적은 내용들은 대부분 과거의 경험을 통한 현재의 생각이니까요.

그리고 입사 후 포부와 같은 항목들은 미래의 내용이겠죠. 인적성은 현재의 직무 적합성과 미래의 조직 적합성을 예측하는 작업이고요. 그리고 면접을 통해 그 사람의 현재를 포함한 미래의 전반적인 모습을 예측하게 되는 거죠. 실무진 면접에서 현재 역량을 판단한다면, 임원 면접에서는 잠재적 역량, 즉 미래에 대한 예측이 이루어지는 거죠.

채용 과정이 갈수록 세분화되는 이유도 이 모든 것들을 좀 더 정확하게 진단하기 위함이에요. 이 기준에서 보자면, 이력서에서는 과거를, 자소서를 통해서는 현재와 미래의 일부를 판단하는 거죠. 이것만으로도 이력서와 자소서는 그 역할이 조금은 다름을 알 수 있겠죠."

"'지원자의 인생 전체를 분석한다'라… 조금 무섭다는 생각도 드네요."

"인간은 감정을 대입할 수 없는 대상에 대해선 공포심을 느낀다고 하니까요. 채용이란 건 어쩌면 인간이 하는 가장 비인간적인 작업일 수도 있어요. 뭐, 그런 철학적인 이야기는 먼 훗날 하기로 해요. 아무튼, 이 기준을 잘 이해하고 이야기를 진행해나가도록 하죠."

"네, 알겠습니다."

"계속 이야기를 이어나가죠. 자, 그렇다면 말이죠…"

자소서 베스트 사례

다 똑같은 편의점 인테리어, 지겹지 않나요? – 3개월 만에 월 매출 20% 상승

마케팅에서 가장 중요한 고객분석을 할 수 있습니다. 편의점 아르바이트를 할 때 궁금한 것이 한 가지 있었습니다. '왜 모든 편의점이 지역 상권에 관계없이 인테리어가 똑같은 거지?' 경영학을 전공하고 마케팅 공모전에 참여하며 타깃 분석의 중요성을 배운 제게 그것은 바꾸고 싶은 현실이었고, 다행히 제가 일한 곳이 개인 소유의 편의점이라서 사장님의 허락을 받을 수 있었습니다.

매출을 올리기 위해 주 고객층을 분석한 결과, 유흥업소가 많은 주변 상권의 특성상 그곳에서 일하는 전문 여성들 때문에 80퍼센트의 손님이 여성이라는 것을 파악했습니다. 그 후 매장 안에서 스타킹, 마스카라, 생리대 등 여성 고객이 자주 찾는 상품을 가장 잘 보이는 곳에 배치하고, 여성들이 좋아할 만한 초콜릿과 사탕 등의 관련 상품을 바로 옆에 진열했습니다.

고객층에 맞춰 디스플레이가 된 모습에 편리함을 느낀 여성 고객들의 방문이 이어져, 한 달 2,500만 원이던 매출은 3개월 만에 20퍼센트나 껑충 뛴 3,000만 원을 기록하게 되었습니다. 이에 점장님께선 아르바이트생에게 주지 않던 성과급을 주시며 또 다른 마케팅 제안이 있으면 언제든지 실행하라는 믿음을 주셨습니다.

OO기업에도 많은 고객이 있습니다. 특히, OO제품을 사랑하는 소비자층은 20~60대까지 다양하게 있지만, 가장 많은 구매를 담당하고 있는 고객은 30퍼센트의 40대 남성층입니다. 상품부터 서비스까지 맞춤형 기획을 통해, 기존의 OO제품 시장 점유율 40퍼센트를 50퍼센트까지 올리는 것이 제 목표입니다.

인사담당자 평가 굉장히 잘 쓴 자소서죠. 마케팅에 필요한 역량 어필, 구체적인 행동 사례, 임팩트를 주기 위해 결과를 수치화시킨 점까지. 무엇보다 그 경험을 토대로 기업의 성과에 어떻게 기여하겠다까지 나왔으니 베스트죠. 이렇게 쓴 사람은 거의 못 본 거 같아요.

또한 편의점이란 소재 하나를 가지고, 타깃 분석이라는 단 한 개의 역량만을 메시지로 푼 게 인상 깊어요. 대부분의 자소서가 자기 경험과 자랑을 너무 나열하거든요. 나는 이거 했고, 저거 했고. 하나도 버리지 못하다 보니, 우리한테 무슨 말을 하고 싶은지 모르겠어요.

많은 이야기를 하는 것보다 하나의 소재에 한 개의 역량만이라도 제대로 전달하는 게 훨씬 중요한 거죠.

인사담당자 평가 좋은 자소서지만, 아르바이트다 보니까 중상밖에 안 되는 거 같아요. 자소서 4,000장이 있으면 아르바이트가 400장 정도 나와요. 소재가 임팩트가 있어야 해요. 그러니까 쓰기 어렵죠. 소재를 제외한 자소서를 푸는 과정은 이렇게만 풀 수 있다면 최고죠.

18

기업은 자소서에서
인재상과 직무역량을 찾는다

"채용담당자가 자소서를 통해서 검증하려는 기준은 무엇일까요?"

"자소서에선 조직 적합성을 본다 하셨으니, 그 사람이 우리와 얼마나 잘 맞는가가 아닐까요?"

"너무 광의적인 답이군요. 조금 더 구체적일 필요가 있어요. 채용담당자가 자소서를 보고 평가할 때는 분명 기준이 있거든요. 더군다나 한 사람이 수천 명의 자소서를 보는 것이 아니라, 많은 사람들이 자소서를 나눠서 보기에, 모두가 공통된 기준을 가지고 평가하기 위해 명확한 기준이 있다는 거죠. 바로 그 명확한 기준이 자소서 평가표이고, 그 평가표에 들어갈 내용은 '기업의 인재상과 직무역량에 부합하느냐'입니다."

"가장 처음 말씀하셨던 '성과 가능성'의 두 가지 측면을 본다는 뜻이군요. 성과 가능성이 직무역량, 조직 적합성, 기업 로열티 이 세 가지였으니까요."

"맞아요. 성과 가능성의 두 가지 측면을 자소서를 통해 검증하는 거죠."

"그럼, 조직 적합성은 아예 보지 않는 건가요? 자소서 문항 중에 조직 적합성을 알려고 물어보는 기업도 있었던 것 같아서요. 예를 들어 '프로젝트를 진행할 때 의견이 부딪쳤던 상황을 서술하고, 그 문제를 해결했던 본인의 행동을 말하시오'와 같은 류의 질문들은 누가 봐도 조직 적합성을 볼 거 같은 질문이거든요."

"아주 좋은 질문이에요. 제가 미처 말하지 않았던 부분이네요. 앞으로의 이야기를 위해서라도 여기서 한번 짚고 넘어가죠. 사실 '성과 가능성'이라는 세 가지 측면은 채용의 전 과정에서 모두 공통되게 봐요. 다만 각 과정에서 중점적으로 보는 것들이 조금 다를 뿐이에요."

"그렇군요."

"우리가 하려는 건, 각 과정에서 좀 더 유심히 보는 것들을 파악해보자는 거예요. 그건 곧 채용담당자의 기준을 이해하는 것이니까요. 메인과 서브가 있다면 각 채용 과정의 메인이 무엇이냐를 정확히 파악하자는 거죠. 메인을 정확히 파악하고 보여줄 수 있다면, 결국 그 사람의 성과 가능성의 세 항목은 자연스럽게 채용의 전 과정을 통해 증명이 될 테니까요.

자소서 역시 조직 적합성을 보는 항목이 분명 있을 거예요. 하지만 그것이 메인은 아니라는 거죠. 조직 적합성은 후에 말할 인성검사나 면접을 통해서 중점적으로 검증받게 되요. 자소서의 메인은

‘인재상과 직무역량’, 즉 ‘이 지원자가 우리 기업과 직무에 얼마나 적합한가’ 이 두 가지입니다.”

“알겠습니다. 사실, 이야기를 들으며 계속 들었던 생각 중 하나가 채용의 과정에서 검증하는 것들이 정확히 나뉘어져 있다는 느낌이 아니라 서로 겹친다는 느낌이었거든요. 이렇게 설명을 들으니 이해가 되네요.”

“나야말로 미리 짚고 넘어갔으면 좀 더 이해가 수월했을 텐데 연비 씨 입장을 깊게 고려하지 못했네요. 앞으로도 이런 식으로 의문이 생기는 부분이 있다면 꼭 질문해주세요. 저는 채용의 모든 것을 안다고 확신하지만, 모든 것을 아는 것과 모든 것을 제대로 설명하는 것에는 차이가 있으니까요.”

“알겠습니다.”

“계속 이야기를 이어나가보죠. 기업은 자소서를 통해 인재상과 직무역량을 중점적으로 본다고 말했어요. 사실, 이건 매우 중요한 포인트예요. 이 사실 자체가 자소서를 쓰는 방향의 핵심을 말해주고 있거든요.”

“방향의 핵심이요?”

“이렇게 질문해보죠. 기업은 인재상과 직무역량을 자소서를 통해 보려 합니다. 지원자는 당연히 그걸 보여줘야 하고요. 그들이 원하는 걸 완벽히 보여주기 위해서 지원자는 자소서를 어떻게 적어야 할까요?”

“이 두 가지를 보여줄 수 있는 항목이 핵심이라 생각하고, 그 항목을 좀 더 신경 써서 적어야겠죠?”

“아쉽지만 이번엔 오답이에요. 정답은 바로 이거예요.”

자소서의 모든 항목이
인재상과 직무역량을 대답하기 위한 방향으로 작성되어야 한다

“그렇기 때문에 자소서 각 항목을 적을 땐 반드시 이 두 가지를 잘 조합해 담아야 한다는 거죠. 아무리 좋은 이야기를 적는다고 하더라도, 평가표에 없는 다른 이야기를 한다면 채용담당자가 좋은 점수를 줄래야 줄 수가 없으니까요.

이합 부사장에게 배운 ‘찌라시를 만들라’는 내용의 구체적인 콘셉트와 방향을 방금 배웠다고 생각하면 돼요. 성장배경을 단순히 설명하는 것이 아니라, 그 안에서 배운 점을 기업의 인재상과 어떻게 연결시킬 것인지를 구상해야 한다는 거죠. 장단점을 말하는 게 아니라 그 장단점이 직무역량에 어떤 도움을 줄 수 있느냐를, 고난과 극복 과정을 적는 게 아니라 그 과정에서 얻은 깨달음이 기업의 인재상과 어떻게 맞아떨어지는지를, 그 과정에서 얻은 역량이 어떻게 직무역량을 향상시켰는지 적어야 한다는 거예요.

결국, 모든 항목을 대답함에 있어 그 기업의 인재상이든 직무역량이든 어느 한 가지를 얻었다는 것을 통해 회사의 이익에 기여할 수 있다는 내용을 적어야 한다는 거예요. 그래야 자소서 평가표의 점수를 잘 받을 수 있으니까요.

제가 처음 연비 씨와 이야기를 시작할 때 자소서는 채용담당자의 시각에서 봐야 한다고 강조한 이유가 바로 이거예요. 이런 방향은 취업준비생의 시각에서는 결코 생각할 수 없는 것이니까, 어디까지나 뽑는 사람의 시각에서 봐야 알 수 있는 것이니까요."

"확실히, 그런 시각이 아니었다면 저는 절대 생각하지 못했을 것 같네요."

"시각을 달리 한다는 게 정말 중요한 이유죠. 처음 저를 찾아왔을 때 취업을 궁금해하는 것이 아니라, 채용을 궁금해해야 한다고 말한 것도 같은 맥락이에요. 시각을 어디로 두느냐에 따라 누군가는 이미 어두워진 밤하늘을 보겠지만, 누군가는 찬란하게 아름다운 저녁놀을 볼 수 있는 거니까요. 채용담당자의 시각에서 봐야지만, 살아남기 위한 정답들이 보이게 되는 거죠."

"잘 알겠습니다."

"여기까지 자소서에서 보는 검증 기준, 이력서가 말하는 '과거'란 시간에서는 자세히 파악할 수 없는, 그래서 자소서를 봐야지만 판단할 수 있는 핵심 기준, 인재상과 직무역량에 대한 이야기를 드렸어요. 이걸 짚게 되면 자연스럽게 다음의 이야기로 이어질 수 있죠. 그 두 가지 중 가장 시급히 노력해서 갖추어야 하는 것은 무엇인가에 대한 질문이에요."

질문 자소서에서 중요한 항목은 어느 것인가?

1위 지원동기(회사/직무)	56.7%
2위 입사 후 포부	18.9%
3위 성장 과정	8.9%
3위 1번 항목	8.9%
5위 성취 경험/역경 극복	6.7%
– 강점/약점	0%

답변 지원동기, 입사 후 포부를 집중적으로 봐요.

그게 괜찮으면 나머지 보는 거고, 그게 시원찮으면 나머지는 볼 것도 없어요. 이 두 항목만이 복사 붙여넣기가 안 되잖아요. 그리고 1번 항목은 무조건 잘 써야 해요. 하루에 100명의 자소서를 봐야 하기 때문에 그 많은 항목을 다 읽을 수가 없어요. 1번을 못 쓰면 뒤에는 볼 필요도 없죠.

작성 방법 모든 항목은 직무와 회사에 맞춰서 적어야죠. 그렇게 적는 애가 없어요. 편의점 사장이 됐다고 생각하고 직원을 뽑아보세요. '저는 축구 동아리 회장을 해서 리더십이 강하고, 어학연수를 다녀와서 다양한 문화에 익숙합니다.' 이딴 거 필요 없잖아요. '제가 편의점에서 근무하고 싶어 비교분석을 해봤는데, 우리 편의점은 이런 것들이 부족하더라. 저는 근무하게 되면 디스플레이를 이렇게 바꾸고, 이런 저런 마케팅을 해서 매출을 올리고 싶다.' 이런 친구가 뽑히는 거잖아요. 축구 동아리 회장 같은 개소리하면 점수가 낮을 수밖에 없죠.

자소서 각 항목별 질문 해석

1. 지원동기 → 해당 직무를 선택한 동기와 그 직무를 명확히 잘 알고 있는지 말하시오. 우리 기업의 인재상과 비전에 얼마나 잘 맞는지, 우리 기업에 대한 관심도가 있는지를 표현하시오.

2. 입사 후 포부 → 직무를 통한 당신의 중장기적 발전 계획은 무엇인가? 당신이 가진 역량을 토대로 기업의 성장에 어떻게 기여할 것인지 서술하시오. ('임원이 되겠습니다' 같은 헛소리 금지)

3. 성취 경험 → 사회 경험을 통해 쌓은 직무와 관련된 역량은 무엇인가? 그 경험을 토대로 기업에서 당신이 할 수 있는 것은 무엇인지 서술하시오.

4. 장단점 → 직무를 잘해낼 수 있는 당신만의 장점을 작성하시오. 그리고 직무에 치명적이지 않은 단점은 무엇이 있으며, 그 노력과 방안을 알 수 있는 극복 사례에 대하여 서술하시오.

19

직무역량은
돈을 주고서라도 얻는다는
각오가 필요하다

"인재상과 직무역량, 이 두 가지 중 가장 시급히 노력해서 갖추어야 하는 것은 무엇일까요? 달리 말해, 지금 취업준비생들이 가장 준비되어 있지 않는 것이 무엇일까요?"

"직무역량인 것 같습니다. 인재상이야 그 평가 기준을 유추할 수 있다면 과거의 다양한 경험을 통해 연결고리를 만들어낼 수 있지만, 직무역량은 대부분 갖추지 못하고 있을 테니까요. 더군다나 수십 개의 기업에 지원하는 게 현실인 만큼, 각 모든 기업의 인재상에 맞는 스토리를 보여줄 수 있는 사람은 거의 없기에, 그중 꼭 한 가지를 가져야 한다면 직무역량이라고 생각합니다."

"맞아요. 두 가지 모두 중요하지만, 그 두 가지 중 반드시 갖추어야 하는 것은 직무역량이에요. 인재상을 통해 볼 수 있는 기업 로열티의 경우, 갖추고 있다면 훌륭한 무기가 되겠지만, 대부분의 채용 담당자들도 알고 있어요. 지원자들의 대부분은 우리 회사에 충성도가 있는 사람들이 아니라는 것을요. 그리고 현실적으로도 우리 회사에 대한 높은 충성도를 가지고 지원하는 사람들은 많지 않다는 것을요.

그래서 일반적으로는 직무역량과 조직 적합성이 뛰어난 사람은 해당 직무의 만족도와 직장 내 인간관계의 만족도가 높을 것이기에 회사에 대한 로열티가 생길 것이라고 잠정적인 추론을 하는 거죠. 즉, 직무역량과 조직 적합성만 충족한다면 기업 로열티는 생겨난다고 믿는 거죠."

"그렇군요. 직무역량이라, 그건 이력서를 말씀하실 때 나왔던 이야기니까 역시 해당 직무의 인턴 경험을 쌓는 것이 해답이 되는 건가요?"

"인턴이 대표적인 직무 경험이긴 하죠. 그런데 요즘 인턴십은 그 기회를 얻는 데도 스펙과 직무 경험이 필요한 경우가 많아요. 직무역량이란 스펙을 얻기 위해 직무역량이란 이력이 필요한 아이러니한 상황이라는 거죠. 웃기죠? **모든 사람이 인턴이란 경험으로 직무 경험을 얻기엔 그 환경이 턱없이 척박하다**라는 이야기예요. 이런 아이러니를 어떻게 해결해야 할까요?"

"'직무역량을 얻기 위해선 직무역량을 미리 갖추어야 한다'라, 정말 아이러니네요. 진짜 어떻게 해결해야 할까요? 저로써는 감이 오질 않네요."

"연결고리 전법을 써야죠."

"연결고리 전법이요?"

"직무 경험의 1차 연결고리가 인턴이고, 그 인턴이 쉽지 않다면 다른 연결고리를 만들어서 어떻게든 직무 경험과 연결시키는 전략이 필요하다는 이야기예요.

유통기업의 영업관리라는 직무에 지원한다고 가정해보죠. 유통기업에서 인턴으로 경험을 쌓을 수 없는 환경이라면, 대형마트나 편의점 아르바이트를 종류별로 해보는 거예요. 단순히 하는 것이 아니라, 그걸 하면서 해당 점포의 특장점과 개선점, 기업분석 등을 경험을 통해 체득해나가는 거죠. 이 역시 영업관리라는 직무에 훌륭한 직무 경험이 될 수 있는 것이죠."

"하지만 생산관리, 인사, 마케팅 등 아르바이트로는 경험할 수 없는 직무도 존재하는 것 아닌가요?"

"연비 씨가 생각하는 것보다 직무를 경험할 수 있는 훨씬 많은 기회들이 있어요.

하고자 하는 자는 방법을 찾고, 하기 싫어하는 자는 핑계를 찾기 마련

이죠. 인사 같은 경우 기업에서 채용공고가 뜰 시즌이 되면 사무보조를 뽑으니까 그럴 때 지원하면 되고요, 생산관리는 산학협력이나 아르바이트로 제조업체에서 근무한다면 어느 정도 경험을 쌓을 수 있을 거예요.

그리고 아르바이트는 하나의 예일 뿐이에요. 연결고리를 설명하기 위한 예 말이죠. 중요한 건 아르바이트가 아니라 연결고리를 만들어내는 구상력이에요. 품질관리 같은 경우 대학의 경영학 과목을 통해 배울 수 있죠. 해당 과목을 열심히 수강해서 높은 학점을 받는다면 그 역시 직무 경험에 연결시킬 수 있겠죠. 아니면 교수님을 찾아가 관련 연구 프로젝트에 구성원으로 참여해 프로젝트를 진행해보는 것도 연결이 되죠. 마케팅이라면 마케팅 관련 공모전을 지원하고 수상한다면 직무역량으로 인정받을 수 있겠죠.

그런 것도 아니라면, 기업을 찾아가서 해당 직무에 실제로 일하고 있는 전문가와 인터뷰를 하고 그 인터뷰에서 해당 직무역량을 강화하기 위한 요소들을 알아낸 뒤 공부하는 것 역시 자소서에 쓸 수 있는 직무역량이 될 수 있는 거예요. 중요한 건 이거죠.

해당 직무 경험과 역량을 증명할 수 있는
확장성을 어떻게 구상할 것인가?

적어도 이 고민과 구상을 한 사람이라면, 그걸 하지 않은 사람과는 전혀 다른 경험을 하게 될 것이고, 그런 경험들이 모이면 충분히 직무역량에 대한 어필이 가능하다는 거예요. 직무역량이란 자격증을 취득할 때도, 공모전에 참가할 때도, 인턴십이나 계약직을 할 때도 해당이 되니까, 직무와 관련된 어떤 경험을 했고, 어떤 역량을 쌓았느냐가 핵심인 거죠. 그래서 연결고리 전법이 가치가 있는 거고요.

거의 모든 직무는 해당 직무와 관련된 연결고리가 있습니다. 그 연결고리를 찾고 갖추기 위해 노력해야 합니다.”

“직무역량에 대한 연결고리라, 이렇게 말을 들으니 이해할 것 같습니다.”

“일전에 어떤 사람이 자기 책에 ‘무급으로 인턴하라는 말에 NO라고 말하는 사람은 열정이 없는 사람’이라고 적었다가 인터넷에 회자되어 큰 비판을 받은 일이 있었어요. 저도 당연히 열정페이라는 말에는 반대를 합니다. 말도 안 되는 촌극이자 사기라고 생각하니까요.

저는 오히려 ‘열정은 지갑에서 나온다’ 주의예요. 하지만 그 말을 이렇게 해석해볼 수도 있다고 생각해요. 기업에서 원하는 스펙을 갖추기 위해서 지원자들은 기꺼이 비용을 지불합니다. 어학 성적이 필요하다는 말에 학원을 등록하죠. 자격증이 필요하다는 말에 자격증 강좌를 수강하고요. 자소서를 잘 써야 한다는 말에 취업 컨설팅회사에 아낌없는 투자를 하죠.

직무 경험 역시 하나의 스펙으로, 기업이 원한다면, 그리고 그 스펙이 다른 어떤 스펙보다 중요한 가치라면 돈을 주고서라도 직무 경험을 사야 한다는 자세가 필요한 거죠. 무급인턴보다 더한 말처럼 보이겠지만, 구조적으로 보자면 다른 스펙을 얻기 위한 노력과 같은 맥락에서의 해석이 필요하다는 이야기예요.”

“돈을 주고서라도 직무 경험을 사야 한다는 말, 그만큼 직무 경험에 대한 중요성과 필요성이 느껴지는 말이네요. 솔직히 취준생인 제

입장에선 웃프기도 하구요.”

“신입사원에게 직무 경험을 요구하는 것 자체가 엄청난 모순인 건 맞아요. 굉장히 비합리적이며, 어떻게 보면 갑의 폭력에 가까운 행위일 수도 있어요. 언젠간 바뀌어야 하겠죠. 최소한의 합리성을 채용담당자들이 갖추는 날이 꼭 와야 한다고 생각해요.

하지만 연비 씨 같은 취준생들은 지금을 살아가죠. 그리고 확실한 건 당장은 안 바뀐다는 거예요. 어쩌면 더욱 심해질지도 모르죠. 그게 비록 통탄할 노릇이라 하더라도 현실이라는 거죠. 그 현실에서 살아남기 위해 고군분투해야 하는 것이 연비 씨고요. 받아들여야 하겠죠.”

“그렇죠. 간절히 원하는 쪽이 언제나 약자라고 하니까요.”

두 사람 사이에 묘한 침묵이 흘렀다. 지원하는 입장에서 불합리한 현실을 맞닥뜨려야만 하는 자의 입술을 깨문 침묵과 그런 현실을 어쩔 수 없이 알려줘야 하는 전달자의 안타까운 침묵이 어우러진 탓이다. 채용이란 알려지지 않은 바다를 항해하는 두 사람은 잠시 무거운 방황을 맞이한다. 그 항해를 책임져야만 하는 선장의 역할을 맡은 장선생이 그 침묵을 깬다.

“이야기가 다소 감정적으로 갔네요. 저 역시 그런 현실이 안타까워 그랬던 것 같아요. 자, 집중하죠. 지금 우리는 신세한탄이 아니라 정답에 대한 분석을 토대로 한 문제해결을 목표로 하니까요.”

"그렇죠. 알겠습니다. 계속 이야기를 이어나가시죠."

"이렇게 직무역량과 경험에 대한 이야기를 나누면서 우리는 자소서의 아주 중요한 법칙에 대한 이야기를 자연스럽게 나누었어요. 그 이야기로 넘어가보죠."

"자소서의 중요한 법칙이요?"

"왜 돈을 주고서라도 직무 경험을 사야 했을까요? 거기에 대한 대답과 관련이 있는 법칙이에요."

질문 직무를 찾을 수 있는 방법은 무엇이 있는가?

1위 현업 담당자 인터뷰	64%
2위 인턴십, 계약직, 아르바이트	46%
3위 관련 도서, 잡지, 사보	23%
4위 잡페어/리쿠르팅	15%
5위 채용 홈페이지	15%
기타 카페 활동, 전공 토대로 직무 탐색, 취업센터, 자격증 등	43%

답변 취업의 가장 큰 문제는 학생들이 직무 관련 준비를 안 한다는 거예요.
학점 관리하고, 토익 준비하고, 자격증만 취득해요. 결과가 눈에 보이고 편하거든
요. 자기가 뭘 하고 싶은지는 생각을 안 해요. 왜? 시험에도 안 나오고 눈에 잘 안
보이니까 하기 싫은 거예요.
제가 봤을 때는 학생들이 어떻게 하면 직무를 아는지 알면서 안 하는 거예요. 방법
은 뻔하잖아요. 현업 담당자를 인터뷰하거나, 직접 일을 해보거나, 그것도 안 되면
관련 도서를 읽거나. 어떤 회사를 들어가느냐도 중요하죠. 하지만 무슨 일을 할 것
인지가 훨씬 중요하다는 걸 몰라요.

직접 방법 제일 좋은 방법은 인턴십이나 계약직으로 직접 일을 해보는 거죠.
하다못해 관련 아르바이트라도 해야죠. 인사담당자가 되고 싶다면 채용공고 시즌
에 대부분의 회사에서 아르바이트를 뽑아요. 그럴 때 지원해서 직접 경험해보는 거
죠. 실제로 함께 근무하면 어떻게 돌아가는지 많이 알게 되잖아요.
그런 경험을 많이 해봐야죠. 3학년 때는 마케팅 쪽을, 4학년 때는 영업 쪽을, 그럴

게 다양한 분야를 두세 개쯤 경험해보면 내가 어떤 분야에 가서 일하고 싶은지 확신이 드는 거죠. 그렇게 해본 사람과 안 해본 사람은 차이가 날 수밖에 없어요.

간접 방법 직무 관련 현업 담당자를 많이 만나 봐야죠.
현업 담당자 열 명만 만나보면 돼요. 학교 선배나 취업센터, 지인을 통해서 수소문하는 거죠. 그걸 못 찾는다는 건 말이 안 돼요. 담당자를 만나 1시간만 얘기를 해봐도 자기가 알던 거랑 현실의 괴리감을 파악할 수 있고, 정말 하고 싶은 일인지 확신을 갖는 데 도움을 줄 수 있거든요. 내가 마케팅을 하고 싶은데 마케터를 한 번도 안 만나보고 지원을 한다? 그건 좀 아닌 거 같아요.

20

스펙보다 스토리,
스토리 이전에 소재다

어리둥절해 하는 연비에게 장선생이 아까의 질문을 확장해서 던진다.

"왜 돈을 주고서라도 직무 경험을 사라고 했을까요? 직무역량을 이야기하는 데 무엇이 필요하기 때문에?"

"너무 당연한 대답 같지만, 직무역량을 말하기 위해서는 말 그대로 직무 경험이 필요하기 때문 아닌가요?"

"맞아요. 직무역량을 이야기하기 위해서는 해당 경험이 필요하죠. 그럼 조직 적합성을 말하기 위해서는요?"

"단결력, 협동심 등을 말할 수 있는 경험이 필요하겠죠."

"맞아요. 그 단순한 사실에 자소서의 중요한 법칙이 숨어 있어요. 바로

자소서의 모든 말들은 경험, 즉 증거에 기초해 말해야 한다

는 거예요. 너무 단순하지만 이걸 놓치는 사람들이 생각보다 많아

요. 아니, 오히려 이걸 모르기 때문에 증거할 수 없는 말들을 하는 사람들이 더 많다는 말이 맞겠네요.

기업이 왜 자소서에 열정이 있다는 말을 적지 말라고 하는지, 왜 시키는 일은 뭐든 열심히 하겠다는 말을 싫어하는지 그 이유는 단순해요. 그런 말들은 증명할 수 있는 증거가 없는 말들이기 때문이에요. 자소서에 적은 모든 내용들은 그 말을 적는 순간 자신의 현재를 대변하는 이야기가 돼요. 현재를 대변하는 이야기가 진실되게 전달되기 위해서는 그 말에 대한 증거가 필요해요. **증거가 없는 말은 자소서에 담아선 안 된다**는 이야기죠.”

“증거가 있는 이야기라…”

“영업관리 직무역량이 있다고 적을 거면, 그 역량이 있다고 말하는 증거를 적어야 해요. 그 증거를 위해 돈을 주고라도 사라는 극단적 표현을 쓴 것이고요. 조직 적합성에 대해 적는다? 단결력, 협동심, 이타심 좋아요. 하지만 그걸 단순히 적기만 해서는 근거 없는 주장에 불과하다는 거예요. 단결력이 있다면 도대체 무엇을 증거로, 협동심이 있다면 무엇을 증거로 그 이야기를 하는지 밝힐 수 있어야 한다는 거죠.

어느 법정 드라마에 이런 대사가 나오죠. ‘증거 없는 주장은 그 자체로 법정 모독이다’라고. 자소서도 마찬가지예요. 증거 없는 자기주장은 그 자체로 힘이 없을 뿐만 아니라, 그 자체로 거짓으로 인식될 확률이 크다는 이야기예요.”

"과연, 그렇군요. 자소서는 결국 자신을 검증하는 도구니까, 검증에는 주장이 아닌 증거가 필요하겠군요."

"그렇죠. 이 증거가 있어야 구체적으로 혹은 수치적으로 이야기를 할 수 있어요. 주장에 구체성과 수치가 들어갈 때, 그 이야기가 좀 더 실질적인 믿음을 줄 수 있는 거죠.

또한 이를 좀 더 확장시켜 생각해보면 이렇게 이야기해볼 수도 있겠죠. 흔히들 스펙과 스토리를 비교하죠. 어느 것이 우선이냐고. 자소서에서는 스펙보다는 스토리가 중요해요. 스펙은 이력으로 보여줬으니, 남은 건 자기가 만든 스토리에 '인재상과 직무역량'을 어떻게 녹일지죠. 하지만 그 스토리가 완성되기 위해서는 결국 소재가 필요하다는 거예요.

소재는 스펙보다는 훨씬 광의적인 개념이에요. 정형화되지 않더라도 경험한 모든 것들은 경우에 따라 소재가 될 수 있으니까요. 이 소재가 적은 사람은, 다시 말해 여태껏 살면서 인재상과 직무역량이란 내용을 증거할 만한 경험의 소재가 부족한 사람은, 이 항목을 만족시킬 만한 스토리를 구상할 수 없다는 이야기예요."

"'소재가 없다면 스토리가 있을 수 없다'라… "

"그 소재가 없는 사람들이 군대 이야기, 동아리 이야기, 학교 조발표 이야기, 학회 활동 이야기 등 누구나 다 있을 법한 뻔한 이야기로 그 기업의 인재상과 직무역량을 가졌다고 이야기하려고 해요. 그러면 그 스토리에는 힘이 빠지고, 그 주장에는 힘이 없어지게 되는 거죠. 채용담당자 입장에서도 누구나 다 적는 뻔한 소재에 관심이 가진 않을 테니까요. 무엇보다 지겨워서 서류를 넘겨버리겠죠.

결국 훌륭한 자소서를 만들기 위해서 가장 처음 필요한 것은 소재라는 씨앗인 거예요. 그게 충분하다면 어떻게 활용할지를 고민하면 되지만, 그게 충분하지 않다면 지금이라도 그 소재를 만들기 위해 구상하고 노력해야 한다는 말이죠.”

“소재를 가지기 위한 노력이라, 저처럼 무난한 경험만을 해온 사람이라면 더욱 더 필요한 작업이겠군요.”

“이 소재를 만드는 작업은 구상하기에 따라서 얼마든지 큰 힘이 될 수 있어요. 가령 처음에 인재상, 즉 기업 로열티는 갖추기 힘든 항목이라고 이야기했죠? 이는 반대로 누군가가 기업 로열티를 어떤 소재를 통해 충분히 어필할 수 있다면, 그것만으로도 강력한 무기가 될 수 있다는 거예요.

한 사람이 다른 어떤 회사보다 현대자동차의 생산관리 쪽에 들어가고 싶어 한다고 가정해봐요. 이 친구가 들어가고 싶어 하는 이유는 다른 어떤 곳보다 월급을 많이 주기 때문인데, 그 이야기를 할 순 없겠죠. 돈을 많이 주기 때문에 이 회사에 애착이 간다는 말을 좋아할 기업은 어디에도 없으니까요.

하지만 이 친구가 이런 행동을 했다고 생각해봐요. 자기가 다니는 대학의 취업지원처를 찾아가요. 그리고 졸업한 선배 중에 현대자동차에 취업한 선배의 연락처를 받아요. 그 선배에게 연락해서 사정을 설명하고 본인이 지원한 직무의 팀장급 이상 되는 사람의 이메일 주소를 알아내요. 그리고 인터뷰를 꼭 하고 싶다고 정중히 메일을 보내는 거죠. 순수한 학생의 메일을 거절할 직장인은 잘 없을 거예요. 그렇게 그 팀장을 만나서 한 시간이건 두 시간이건 이야기를 나누고, 다른 자동차회사의 팀장들도 계속 만나는 거예요. 그 경험을 가지고 이 친구가 자소서에 MSG를 조금 쳐서 이렇게 적어냈어요."

빅3 자동차회사에서 10년 이상 일한 팀장을 일일이 찾아다니며, 총 열 명의 인터뷰를 했습니다. 강산이 변할 시간을 겪은 사람이라면 그 기업에 대해 잘 알 것이라 생각했고, 그 사람의 모습이 제가 그 기업에 입사한 후 10년 뒤 모습과 다르지 않을 것이라 생각했기 때문입니다. 그렇게 인터뷰한 기업 중 현대자동차의 오 팀장님과의 인터뷰가 가장 와 닿았습니다. 오 팀장님의 이런 저런 말에서 현대자동차의 위상과 가치를 느꼈고, 무엇보다 회사에 대한 강한 애사심을 느낄 수 있었습니다. 본인의 직무에 충분히 만족하며, 기업에 높은 로열티가 있는 그분의 모습을 보며 나 역시 현대자동차와 함께한다면 그분이 느꼈던 가치를 함께 느껴 행복할 것 같았습니다. 그래서 저는 여지없이 현대자동차를 저와 함께 걸어주었으면 하는 기업으로 생각합니다.

"이런 이야기를 할 수 있는 사람이 몇이나 될 것 같아요? 이런 이야기를 본 채용담당자가 과연 이 사람이 가지고 있는 기업 로열티에 의구심을 가질까요? 이게 소재의 힘이에요. 구상하기에 따라 충분히 본인만의 강점이 되는 소재 획득이 가능해지고, 그것만으로 지원자의 중요한 무기가 될 수 있다는 거죠."

"**이야기는 증거가 필요하다, 증거는 소재로부터 만들어진다는** 말, 잘 알아들었습니다. 몰랐던 사실들이 하나하나 채워지는 것 같습니다. 몇 번 말씀드렸지만 감사한다는 말씀을 드리고 싶네요."

"하하, 처음에는 조금 민망했는데, 진심이 느껴져서인지 이제는 제가 더 고맙네요. 자, 그럼 지금까지의 이야기를 표현할 마지막 기술에 대한 이야기를 해볼까요?"

"잠깐, 그전에…"

"아, 이야기를 너무 이어서 진행했네요. 노트 꺼낼 시간인가요?"

"더 들었다가 앞에 들었던 좋은 이야기를 까먹을 것 같아서요."

"알겠어요. 잠시 시간을 드리죠."

연비는 조금씩 채워지고 있는 자기만의 정답 노트를 꺼냈다.

열셋, 채용담당자의 입장에서 자소서는 이력서로 볼 수 없는 것을 보는 검증수단이다.

열넷, 자소서에서 검증하는 두 개의 가치는 '인재상과 직무역량'이다.

열다섯, 직무역량은 연결고리 작업을 통해 반드시 만들어내야 한다.

열여섯, 소재에 차별화가 없다면 스토리에 차별화도 없다.

　"자소서에 대한 이야기가 거의 마무리되어가네요. 마지막은 지금까지 알아낸 자소서의 다양한 가치들을 효과적으로 표현할 수 있는 기술적 방법에 대한 팁이에요. 꼭 이렇게 할 필요는 없지만, 이보다 더 낮게 표현할 수 없다면 최소한 이렇게는 표현해야 한다는 거죠.

　이 말 한마디를 기억하세요. '머리 위로 별이 뜨다.'"

　노트 필기를 마무리하는 것을 확인한 장선생이 말을 이어나갔다.

질문 스펙 vs 스토리, 무엇이 더 중요한가?

1순위　　스펙 O　　스토리 O

2순위　　스펙 O　　스토리 X

3순위　　스펙 X　　스토리 O

4순위　　스펙 X　　스토리 X

답변 스펙이 좋은데 스토리가 없는 애들은 대부분 좋은 기업에 가요. 거꾸로 스펙이 없는데 스토리만 있다? 굉장히 소수만이 살아남을 수 있는 거죠. 소수가 다수인 것처럼 사람들이 오해를 하죠. 물론, 스펙과 스토리 둘 다 좋은 애가 최고인 거고, 둘 다 없는 애는 답이 없죠.

핵심 나만의 스토리를 활용하고 싶으면, 남들 정도의 스펙은 가지고 있어야죠. 스펙은 일단 기본 이상은 무조건 돼야 하는 게 전제조건이에요. 그 전제조건을 통과해야 스토리를 볼 수가 있는 거예요. 최소한의 기본이 안 되면 스토리가 무슨 소용이 있어요? 회사에서 스펙이 중요하지 않다는 얘기는 다들 붕어빵 찍듯이 똑같아서 변별력이 없다는 뜻이지, 아예 스펙을 안 본다는 얘기가 아니에요.

우리나라에 대학 입시전형이 3,000개가 넘으니까, 그중 하나로 대학을 갈 수 있다고 착각하는 애들이 있어요. 그런데 90퍼센트 이상 대다수의 사람은 수능 아니면 논술 두 개 중에 하나거든요. 그런 것처럼 모든 기업이 어느 정도의 스펙을 요구함에도 불구하고 특별한 스토리가 있으면 갈 수 있다고 착각을 하는 거예요. 그런 스토리로 가는 사람은 정말 극소수이고, 확률이 낮은 게임이죠.

 우리가 정말 원하는 스토리는 세계여행, 오지 마라톤 이런 게 아니라, 지원하고자 하는 직무에 얼마만큼의 스토리가 있느냐 거든요. 가령 건축설계라면, '초등학교 때 건축에 관심을 가지게 된 친구가 건축설계학과에 입학하고, 건축도면을 잘 그리고 싶어서 나간 건축 공모전에서 수상을 하고, 건축 현장을 잘 알고 싶어서 건축회사에서 인턴십을 하며 CAD를 배우고, 건축에 대한 관심을 넓히고 싶어서 수백 곳의 건축물을 답사하며 남긴 몇천 장의 사진과 기록까지. 지금까지 배운 걸 바탕으로 이 회사에서 건축설계를 하고 싶습니다'고 해버리면 좋은 점수를 줄 수밖에 없는 거예요. '아, 이런 준비를 했구나' 감동을 받는 거죠. 사실, 이런 스토리 가진 애가 몇 명 없죠. 그래서 더 값어치가 있어요.

※ 21
머리 위로 별이 뜨다.
두괄식과 STAR를 기억하라

"'머리 위로 별이 뜨다'라, 시적인 표현이네요."

"두 가지 법칙을 하나로 요약한 말이에요. 자소서에 글을 적을 때 기본적인 규칙과 뼈대라고 생각하면 이해가 빠를 거예요. 먼저 첫 번째, '머리 위로'라는 말은 모든 항목을 가급적이면 두괄식으로 적으라는 이야기예요. 이합 부사장이 말한 자소서 제목의 중요성과도 연결되는 이야기죠.

그의 말처럼 제목은 나머지를 읽게 만드는 힘을 가지죠. 그리고 그 힘이 글 전체에 일관성을 가지기 위해서는 제목이 나머지 전체를 대변하는 결론의 이야기가 나와야 해요. 그게 곧 두괄식인 거고요. 또한, 제목뿐만 아니라 항목 안에서 문단이 나뉘는 경우도 있죠. 그럴 경우에도 모든 문단은 두괄식으로 적는 것이 유리합니다. 두괄식이냐 미괄식이냐는 확인이냐 추측이냐의 차이를 만들고, 이 차이는 기억에 영향을 미치거든요."

"과연… 두괄식의 경우 결론을 미리 알고 그 결론에 대해 확인하는 생각으로 뒤에 글을 읽는 확인 형식인 반면, 미괄식의 경우 글을 다 읽기 전까지 결론을 모르기 때문에 추론 형식으로 읽어야 한다는 거군요. 당연히 추론은 집중력이 흐려질 수 있다는 것이고요.”

“정확히 알고 있네요. 소설이야 경우에 따라 미괄식이 더 큰 효과를 주는 경우가 많지만, 자소서는 우선 읽는 사람, 즉 **채용담당자의 입장을 배려해 최대한 쉽게 읽히게 만들어주는 것이 유리**하죠. 왜냐하면, 소설은 그 전체를 보고 이해할 시간적인 여유가 있지만, 자소서는 수많은 지원자 덕분에 채용담당자가 자소서 한 명 당 5분의 시간도 채 사용하지 못하거든요. 그 말은 미괄식으로 글 전체를 이해할 시간이 없다는 뜻이고요. 또한, 미괄식은 자칫 잘못하면 이야기가 늘어진다는 인상을 줄 수 있지만 두괄식은 사전에 결론을 제시함으로써 그런 느낌을 방지해주는 효과도 있지요.”

“‘별이 뜬다’라는 표현은 무엇을 의미하는 거죠?”

“문단을 S(Situation), T(Task), A(Action), R(Result) 이 네 가지 상황에 맞춰서 순서대로 제시하라는 이야기예요. S는 상황을 의미하죠. 이야기를 시작하는 상황에 대해 설명하는 것입니다. T는 임무로, 해당 상황에서 내게 주어진 행동 혹은 역할 등을 의미하죠. A는 액션이에요. 주어진 역할과 행동에 대비해 실제로 내가 했던 행동을 의미하죠. R은 결과예요. 그 행동의 결과로 내가 배운 교훈이나 가치를 말하는 거죠. 이 네 가지가 모두 포함되어 있을 때 문장을 통해 말하고자 하는 바가 명확해지죠.”

"예를 들어, 영업관리 관련 인턴 경험에 대해 쓴다면 먼저 두괄식으로 '사람을 움직이는 건 결국 진심이었습니다'라고 결론을 적은 뒤, 두 달간의 인턴 경험의 마지막 과정으로 현장실습을 했다는 상황 제시, 그 안에서 일주일간 고객응대를 해야 했던 역할 설명, 실제로 인턴 과정을 경험하면서 다소간의 실수가 있었지만 진심을 담은 사과와 즉각적인 보상 제안을 했다는 행동보고, 이를 통해 사람의 진심이 가진 가치를 알게 되었고, 그 가치로 영업관리 업무를 훌륭히 소화해내겠다는 결과보고. 이 네 가지에 맞춰 문장을 구성해야 한다는 거군요."

"아주 훌륭해요. 자소서는 이제 졸업해도 되겠는 걸요?"

"좋은 길잡이가 있으니 걸어가는 길이 꽃길이 되네요."

"하하, 이거 표현력은 내가 배워야 할지도 모르겠네요. 맞아요. 그런 형태로 두괄식과 STAR를 지키며 문장을 구성하는 것, 그게 '머리 위로 별이 뜨다'라는 문장의 핵심 의미예요."

"네, 알겠습니다"

"이 정도로 하면 자소서에 대한 정리가 다 끝난 것 같네요. 지금까지 이야기에서 좀 더 알고 싶다거나 궁금한 내용이 있나요?"

"지금까지 배운 것들도 다 복습하기 힘들 만큼 충분히 안 것 같습니다."

"그래요, 오늘은 여기까지 하죠. 다음 주에는 떨어지지 않기 위한 마지막 싸움터인 인적성검사에 대해 이야기를 나눠볼 거예요. 그때까지 해야 할 과제를 알려줄게요. 과제는 간단해요. 이걸 가지고 가서 한번 풀어보는 거예요."

장선생은 자신의 책장에 꽂혀 있는 책 한 권을 연비에게 건넨다.

"인적성검사는 일종의 시험이에요. 하지만 그 유형과 방식이 너무나 다양하기 때문에 완벽한 일반화는 사실상 불가능해요. 지금 준 건 채용담당자의 입장에서 인적성검사의 목적을 가장 잘 이해시킬 수 있도록 제가 직접 선별해 재구성한 시험지예요. 이걸 연비 씨가 한번 풀어볼 텐데, 여기서 약속 두 가지. 정확히 시간을 지켜 풀어볼 것, 풀면서 정답을 고민하는 것이 아니라, 유형의 느낌을 이해할 것.

어차피 채점이 목적이 아니라 인적성검사 그 자체에 대한 이해가 목적이니 이 두 가지를 지켜야 다음 주에 제 이야기를 잘 받아들일 수 있을 거예요."

"네, 알겠습니다. 인터뷰처럼 난감한 과제면 어떡할까 걱정했는데 다행이네요. 알겠습니다."

"막상 시험을 직접 보면 그런 생각이 사라질 거예요."

"네?"

"보고 나면 알 거예요.

정답 없는 정답을 정해야 하는 괴로움과 노력으로 될까라는 자괴감

이 뭔지를 말이죠."

"네…"

"너무 긴장하지 말고, 풀어보고 다음 주에 보도록 해요."

이야기를 마친 연비가 노트를 꺼낸다. 그리고 자소서의 마지막 부분을 한 문장으로 마무리한다.

열일곱, '머리 위로 별이 뜨다.' 자소서의 기본 골격을 갖추어야 한다.

질문 자소서에서 중요한 것은 무엇인가?

1위 [직무 중심 작성] 직무 관련 경험 및 역량	32.2%
2위 [기업에 맞춰 작성] 기업에 대한 관심 및 입사 의지, 인재상	31.1%
3위 [논리정연] 간결한 문장으로 한눈에 들어오게 작성	21.1%
4위 [구체적인 행동 및 성과 사례]	15.6%
4위 [기업 성과 가능성]	15.6%
6위 [다양한 경험 및 특이한 경험]	13.3%
7위 [기타] 수치, 소재, 두괄식, 질문에 대한 정확한 대답 등	60%

(복수 응답)

답변 인재상보단 직무가 먼저입니다.

직무역량과 인재상이란 키워드를 자신의 경험과 잘 매칭시켜 적으면 되요. 다만, 자신을 뽑는 그 자리에 맞춰 쓴 다음에 인재상과 연결하는 게 좋아요. 인재상에 먼저 맞춰서 써버리면 남들과 비슷한 자소서가 될 확률이 높거든요.

핵심 자기소개서의 주인공은 자기가 아니다.

'1남 1녀 중 장녀로 태어나서…' 그 이야기를 제가 왜 읽어요. 회사가 당신에 대해서 뭘 궁금해하는지 모른다는 거죠. 대부분의 사람들이 나라는 사람을 소개하는 인물소개에 초점을 맞추고 있지만, 회사는 '내가 너를 돈을 주고 사용해도 되겠니?'라는 사용성평가를 보는 거거든요. '나라는 상품을 구매해주십시오' 같은 상품소개를 해야 하는 거죠.

소재 하루에 읽어야 할 자소서가 100명 정도인데, 그게 다 똑같은 얘기라고 생각해보세요.

어학연수 가서 적응하는 게 힘들었는데 외국인들과 함께 한국음식을 먹으며 하나가 되었다던가, 동아리에 분쟁이 생겼는데 대화로 해결했다던가, 너무 뻔한 소재에 뻔한 결과잖아요. 사실 보기도 싫어요.

조금만 다르게 적어도 보게 되거든요. 졸업 과제로 동성애를 잡은 친구가 있었어요. 이 친구가 동성애에 대해 조사하면서 좀 더 자세히 알기 위해 게이 커뮤니티에 들어가고, 실제로 게이인 척 위장을 하고, 게이바도 가본 경험담을 풀었는데 너무 재밌더라고요. 소재 자체에서 차별화가 필요한 거 같아요.

참고 서류 제출 전 반드시 확인해야 할 자소서 십계명

사실, 자소서는 이게 전부입니다. 내가 이 직무를 잘할 수 있다는 역량을 이야기하고, 실제로 잘한 경험이 있는 과거의 사례를 구체적으로 적고, 그것들이 어떤 결과를 만들었는지 눈에 보이게 객관적인 수치를 넣는 거죠. 이 경험을 통해 배운 것을 바탕으로, 이 직무를 잘할 수 있는 준비된 인재이기에 회사의 성과에 기여할 수 있다는 걸 보여주면 됩니다.

결국, 지원자가 뭘 했느냐가 중요한 게 아니라, 이걸 통해서 회사에 기여할 수 있느냐를 보는 게 핵심이니까요. 서류 제출 전, 다음 페이지의 자소서 10계명을 확인한다면 분명 좋은 결과가 있으리라 생각합니다.

1. **자소서의 기본 골격을 갖추었는가?**　　Y ☐　N ☐

   1) 제목

   2) 핵심 메시지(핵심 역량)

   3) 사례(상황–목표–행동–결과)

   4) 기업 성과 기여도

2. **다음 내용을 읽고 싶은 제목을 적었는가?**　　Y ☐　N ☐

3. **핵심 메시지는 두괄식으로 전달했는가?**　　Y ☐　N ☐

4. **행동에 대해 구체적인 사례를 적었는가?**　　Y ☐　N ☐

5. **결과가 눈으로 보일 객관적인 수치를 적었는가?**　　Y ☐　N ☐

6. **기업 기여도 측면에서 직무 및 성과 가능성이 언급되었는가?**　　Y ☐　N ☐

7. **자소서 항목에 맞는 직무역량과 인재상을 담았는가?**　　Y ☐　N ☐

8. **자소서 한 개의 항목에 한 개의 사례, 한 개의 역량을 담았는가?**　　Y ☐　N ☐

9. **남들과 다른 소재를 담았는가?**　　Y ☐　N ☐

10. **간결한 문장으로 한눈에 들어오는가?**　　Y ☐　N ☐

자기소개서의 법칙

⑧ '제품설명서'가 아닌, '제품광고'와 같은 자소서를 적어야 한다.

⑨ 임팩트가 없다는 건, 기억되지 않는다는 것이다.

⑩ 자소서의 첫 줄은 그 다음을 읽게 만드는 힘이다.

⑪ '잘났다'는 말이 아니라, '필요한 사람'이라는 말을 해야 한다.

⑫ 채용담당자가 직관적으로 이해할 수 있게 간결하게 적어야 한다.

⑬ 채용담당자의 입장에서 자소서는 이력서로 볼 수 없는 것을 보는 검증
수단이다.

⑭ 자소서에서 검증하는 두 개의 가치는 '인재상과 직무역량'이다.

⑮ 직무역량은 연결고리 작업을 통해 반드시 만들어내야 한다.

⑯ 소재에 차별화가 없다면 스토리에 차별화도 없다.

⑰ '머리 위로 별이 뜨다.' 자소서의 기본 골격을 갖추어야 한다.

CHAPTER 4

인적성검사는
괴로움과 자괴감과의
싸움이다

적성검사는 IQ검사에 가까워서 학벌과 유사하게 나올 수밖에 없어요.

일부러 학벌을 필터링하기 위해 만든 건 아닌데,

업무 성과를 예측하는 데 그 사람의 IQ는 중요하거든요.

IQ는 누가 잘 나오겠어요? 학교 좋은 사람이 잘 나오겠죠? 거기서 걸리는 거예요.

인적성검사에 대한 신뢰도라…

솔직히 기업에서도 얘가 정말 인간성이 좋은지 나쁜지, 적성이 맞는지 안 맞는지

정확히 모르겠지만 확률적으로 그럴 거 같다는 거잖아요.

그러면 그런 애 볼 필요가 없는 거죠. 그래도 좋은 자원이 많이 있으니까요.

_L기업 인사담당자

인적성검사는
유전자가 찍은 낙인이다

"제가 준 검사지를 풀어보니 어땠나요?"

다시 일주일이 지나고 연비를 만난 장선생이 첫 번째 질문으로 대화를 시작했다.

"대략적인 느낌은, 인성검사는 400개가 넘는 문항을 50분 안에 풀어야 해서 시간적인 압박감이 컸고요, 푸는 내내 '이게 채용이랑 무슨 관계가 있지'라는 생각이 들었습니다. 적성검사는 거의 IQ검사 같은 느낌이었어요."

"그런 것들을 느꼈다고 하니 저와 한 약속을 잘 지켰네요. 아주 훌륭해요. 그런 느낌을 가지고 이야기를 시작해보도록 하죠. 자, 기업에서 인적성검사를 보는 궁극적인 이유가 무엇일 것 같아요?"

"저도 그게 궁금했습니다. 저에 대해 알려 하는 것 같기도 하고, 제 지능지수를 알고 싶어 하는 것 같기도 했습니다."

"기업이 인적성검사를 보는 궁극적인 이유는

노력으로는 도달할 수 없는 선천적 요인을 낙인 삼아 걸러내기

위함이에요. 선천적인 역량으로 걸러내는 과정인 거죠. 다소 문장이 부정적이긴 하지만, 가장 정답에 가까운 이유예요. 인적성검사는 서류를 통과한 사람이 면접을 보기 위해 거치는 마지막 관문이에요. 면접으로 들어가면 이젠 떨어뜨리기 위한 싸움이 아니라, 붙이기 위한 싸움으로 싸움의 질과 형태가 변하게 되죠. 그 영역에 도달하기 위한 마지막 관문이 바로 인적성검사예요.

앞서 자소서에서 기업은 인재를 선별하기 위해 그 사람의 과거, 현재, 미래의 모든 것을 다 본다고 말씀드렸어요. 이제 여기에 한 가지 축을 더 추가해보죠. 선천성과 후천성, 이것마저도 기업은 필터의 도구로 사용합니다. 이력서와 자소서의 경우 후천성의 영역에 해당하죠. 누구나 노력하는 만큼 이력은 쌓이니까, 자소서도 연습하고 검증받고를 반복하다 보면 어느 정도의 영역까지는 도달할 수 있으니까요. 즉, 본인의 노력 여하에 따라 바뀔 수 있다는 거예요.

하지만 인적성검사는 선천성의 영역에 속하죠. 좀 더 정확히 표현하면 **타고 난 유전자에 의해 20년 이상의 경험이 합쳐져 형성된, 그래서 당장 몇 달간 노력으로는 크게 바뀌지 않는 영역**이죠. 그걸 기준으로 다시 한 번 걸러내기 위한 작업, 그게 인적성검사예요."

"… 듣기에 따라선 절망적인 말일 수도 있겠네요. 그 말을 달리 해석하면 취준생이 취업하는 시점에 인적성역량이 부족하다면 그 사람은 취업할 수 없다는 의미가 되는 거니까요. 노력한다고 되는 게 아니라면 결국 결정론인 거고, 그건 너무하다는 생각마저 드는 걸요?"

"이유는 단순해요. 채용담당자의 입장에서 노력으로 얻은 가치가 점차 상향평준화되고 있으니까요. 그럼에도 불구하고 지원자는 오히려 더 많아지고 있죠. 예를 들어, 대기업 공채를 봐요. 서류전형에서 이력서와 자소서를 기준으로 사람을 변별해요. 그렇게 걸러지고 살아남은 사람들은 기본적으로 학점, 어학 성적, 자격증, 직무 경험 등이 갖춰진 사람들이에요. 그런 것들은 모두 노력해야 얻을 수 있는 것이고요. 즉, 충분히 많은 시간을 들여 노력한 사람들만 살아남은 상태라는 거죠.

그런데 그 사람의 수조차도 너무나 많아요. 그 사람들 모두를 면접 보고 평가하기엔 기업이 지불해야 할 비용이 너무 많다는 거죠. 기업의 입장에선 그만큼 손실이 크다는 이야기예요. 그걸 줄이기 위해서 이들을 다시 걸러야 해요. 노력을 기준으로 충분히 걸러냈으니까, 그럼 남은 게 뭐겠어요? 노력이 아닌 재능이에요. 그걸 보는 것이 인적성검사가 생긴 근본적인 목적이에요."

"그렇군요. 어찌되었건 우리는 을이니까, 뽑혀야 하는 입장이니까… 하하. 막말로 잘못 태어난 사람이 채용되는 방법은 차라리 다시 태어나는 거겠군요. 우월한 유전자를 가지고요."

"재미있는 표현이네요. 다행히 그렇게까지 절망적이진 않아요. 처음 다소 부정적인 이야기로 시작한 이유는 어찌되었건 인적성검사의 정확한 목적을 인지할 필요가 있다고 생각했기 때문이에요. 연비 씨는 지금 채용시장 전체에 대한 이해를 목적으로 저와 대화하고 있으니까요."

"듣던 중 다행인 말이네요. 언뜻 봐선 절망적인 인적성검사란 관문이 그렇게 절망적이지 않은 이유는 무엇이죠?"

"이유는 크게 두 가지예요. 목적과 다양성이죠. 가장 큰 이유는 인적성검사가 떨어뜨리기 위한 단계에 있는 영역이라는 거예요. 뽑는 싸움은 결국 면접으로 결정하니까요. 그리고 아직까지는 면접을 통해야 제대로 된 인재를 선별할 수 있다는 믿음이 있으니까, 볼 수 있는 한 최대한 많은 수를 면접에 올리려고 해요. 걸러지는 커트라인이 아주 높지는 않다는 거예요.

인적성검사는 그 방향에 따라 충분히 천재를 뽑을 수 있는 힘을 지니고 있어요. 하지만 이런 인적성검사가 천재가 아닌, 바보를 거르기 위한 목적으로만 사용되고 있다는 거죠.

두 번째는 인적성검사가 가지고 있는 다양성에 있어요. 인적성검사는 단일 시험이 아니에요. 기업마다 인적성검사의 종류가 다르죠. 그뿐만 아니라 결괏값을 평가하는 기준도 모두 제각각이에요. 인적성검사에 들어 있는 기준 항목도 모두 다르죠. 즉, 인적성검사는 종류별로 각기 다른 수치가 나올 수 있다는 거고, 그 수치마저도 기업이 어떤 평가 기준을 대입시키느냐에 따라 각기 다른 결과가 나오죠. 오죽하면 채용담당자들조차 인적성검사의 평가 기준을 정확히 인지하지 못하는 경우가 많아요. 그저 외주업체에 의뢰를 하고 결괏값만 받아내는 정도의 수준에 머물러 있는 거죠.

이 다양성이 가지는 의미는, 모든 기준에 모두 통과하는 만능키와 같은 사람이 극소수일 거라는 점이죠. 마찬가지로 모든 기준에 모두 통과할 수 없는 사람 역시 극소수고요. 이 두 가지 이유 때문에 짚신도 제 짝이 있다는 말처럼, 거의 대부분의 사람은 자기가 합격할 수 있는 인적성검사가 적어도 한 가지 정도는 있다는 거예요.”

“그렇게 듣고 보니 안심이네요. 다행이란 생각도 들고요.”

“그래서 인적성검사의 관문을 도저히 통과할 수 없는 선천적인 역량이 떨어지는 사람들은 생각보다 많진 않아요. 만약 그런 사람이 있다면, 그 사람은 인적성검사를 보지 않는 기업을 지원하면 되겠죠. 굳이 인적성검사란 검증수단을 걸러내는 수단으로 삼지 않아도 되는 기업들, 소위 말하는 중견기업 이하의 기업들이 되겠죠. 결국…”

잠시 머뭇거리던 장선생은, 힘든 고백을 하려는 듯 이야기를 이어나간다.

“눈을 낮춰라. 낮은 곳에서부터 시작하라는 말, 잘못된 말이에요. 눈은 낮추는 게 아니라, 바로 이런 과정들을 통해 **강제적으로 낮아지게 되는 겁니다.** 거듭 말하지만 어쩔 수 없는 이유로, 눈이 낮아져야 하는 사람의 수는 그렇게 많지 않고요."

"다소 비정하게 들리지만, 처음 말에 비해선 훨씬 낫네요. 잘 알겠습니다."

"이 점을 이해하고 이제 인적성검사를 나눠서 각각의 목적과 기준점을 살펴보도록 하죠. 먼저 살펴볼 것은 인성검사예요. 인성검사, 한번 풀어보니 어떻던가요?"

인성검사는 좋은 성격이 아니라
맞는 성격을 보는 것이다

"가장 먼저 든 생각은 계속해서 나를 규정해야 한다는 것이었어요. 내 성향을 여러 질문을 통해 반복해서 묻는다는 느낌이 들었거든요. 또한 판단력을 보는 느낌도 들었고요. 여러 상황을 제시하고, 그 상황에서 나는 어떤 결정을 할 것인가를 묻는 질문이 많았거든요."

"맞아요. 그게 인성검사를 치는 목적이에요. 지원자 스스로가 자신을 규정짓게 만들고, 자신의 판단 성향을 결정하게 만드는 것. 그것을 통해서 결국 지원자 스스로가 자신에 대해 정의를 내리게 만드는 것. 스스로 내린 정의를 바탕으로 기업은 그 사람의 태도와 성향을 파악하게 되는 거죠.

그렇게 파악하는 가장 큰 이유는 그 사람의 조직 적합성을 알아내기 위함이에요. 이 사람을 채용하게 되면 당장 우리와 함께 일을 해야 하니까, 함께했을 때 이 사람은 우리를 어떤 태도로 대하게 될까, 우리가 함께하는 프로젝트는 어떤 자세로 임하게 될까, 이런 것들을 파악하는 도구인 거죠. 쉽게 말해, 인성검사는 조직과 얼마나 잘 맞는가를 보는 거죠."

"인성검사에서는 조직 적합성이 메인이 되는 거군요. 면접에서도 조직 적합성을 본다고 말씀을 하셨는데, 이 두 가지가 서로 연관이 있는 건가요?"

"좋은 질문이에요. 연관이 있죠. 쉽게 말씀드리면, 인성검사를 **면접의 보완재** 정도로 생각하면 될 거예요. 면접을 보는 주요 이유 중 하나 역시 조직 적합성을 알아내기 위함이에요. 하지만 아까 말한 것처럼 면접을 보는 사람의 수는 적게는 채용인원의 4배수, 많게는 7배수까지 뽑아요. 공채로 100명을 뽑는 기업이 있다면, 최대 700명의 면접을 봐야 한다는 거죠.

면접은 물리적인 시간이 많이 드는 작업이에요. 개인당 할당할 수 있는 시간은 짧게는 10분, 길게는 30분 정도에 불과하죠. 30분의 대화를 통해 그 사람의 조직 적합성을 정확하게 알아내는 것은 사실상 한계가 있는 거죠. 그걸 보완하기 위해 미리 스스로를 규정한 결괏값을 참고하게 되는 거죠. 그 결괏값을 만드는 것이 인성검사고요."

"그렇군요."

"사람의 판단력은 생각보다 기준에 작용을 많이 받게 되요. '사과는 어떤가?'라는 질문을 던진다면 사람들은 사과에 대해 다양한 판단을 내리게 되죠. 누군가는 과일이다, 누군가는 빨갛다, 누군가는 맛있다 등등, 기준 자체가 없기 때문이죠. 하지만 '사과는 맛있는 과일인가?'라고 묻는다면 판단은 비교적 명확해지는 거죠. 맛있다면 맛있다, 없다면 없다가 되는 거니까.

조직 적합성을 판단하는 기준 역시 이와 동일해요. 조직 적합성도 근면성, 책임감, 대인관계, 팀워크, 인내력, 추진력 등 다양한 지표가 존재하니까, 기준점이 전혀 없이 한 사람의 조직 적합성을 30분간의 대화를 통해 수치화시키라고 하면 어려우니까요.

반면, 사전에 그 사람에 대한 기준 정보가 있다면, 예를 들어 인성검사 결괏값으로 이 사람은 근면성과 책임감은 높으나 대인관계와 팀워크에서 다소 낮은 점수를 받았다는 정보가 있다면 면접에서 좀 더 파악하기 용이해지는 거죠. 높게 나온 부분을 간단히 확인하거나, 낮게 나온 부분을 집중적으로 묻는 것으로 보다 정확한 판단근거를 마련할 수 있으니까요."

"아, 무슨 말인지 정확히 알겠습니다. 결국 지원자 스스로 규정한 답지와 채용담당자가 제시하는 질문을 조합해 조직 적합성을 좀 더 명확하게 규정한다는 뜻이군요."

"맞아요. 한마디로 인성검사의 가장 큰 목적은 조직 적합성을 알아내기 위함이며, 면접의 보완재로써 쓰인다 정도로 정의하면 될 거예요."

"알겠습니다."

"그럼 여기서 조금 다른 질문을 해볼게요. 막상 인성검사를 풀어보니 시간적으로는 어땠나요?"

"정신없이 지나갔던 것 같아요. 400개가 넘는 문항을 50분 안에

풀어야 해서, 거의 1분에 여덟 개 이상의 문항에 답을 해야 하더라
고요.”

“정신없이 지나갔다라, 아주 좋은 표현이네요. 바로 거기에 시험
을 풀어야 하는 방법론이 숨어 있어요. 그걸 기준으로 인성검사를
어떻게 풀어야 하는지 이야기해보도록 하죠.”

인성검사는 솔직하게
풀 수밖에 없는 구조다

"정신없이 푼다는 말을 생각하지 않고 푼다는 말로 고쳐보죠. 그래도 의미는 비슷하니까. 생각 없이 풀기 위해선 어떻게 해야 할까요?"

"음… 이미 알고 있는 것들이어야 하지 않을까요? 혹은 익숙한 것들이라던가…"

"맞아요. 인성검사의 어마어마한 항목 수와 그에 비해 너무나 짧은 시간은 바로 그걸 유도하기 위함이에요. 이미 알고 있는 것들을 답하듯이 풀라는 의미죠. 자기에 대해 이미 알고 있는 것처럼 풀라는 의미는 솔직하게 풀라는 의미예요.

인성검사에서 가장 중요한 것은 솔직함이에요. 좀 더 정확히는, **솔직하게 풀 수밖에 없는 구조고요.**"

"솔직하게 풀 수밖에 없는 구조요?"

"자신에 대해 묻는 것이 인성검사인데, 만약 솔직하게 대답하지 않으려면 거짓말을 만들어내야 하니까요. 거짓말을 만들어내기 위해서는 머릿속에서 창조라는 과정을 거쳐야 하는데, 그 창조라는 과정은 곧 생각의 영역이니까, 즉 생각하게 되면 생각 없이 풀 수 없게 되는 거죠. 최대한 생각 없이 풀어야 겨우 50분 이내에 풀 수 있어요. 55분이 걸렸다는 것은 질문에 어느 정도의 고민을 했다는 것이고, 60분이 넘었다는 것은 여지없이 고민하고 생각했다는 뜻이에요.

자기에 대해 묻는 질문에 무엇을 고민했을 것 같아요? '내가 정말 누구지?'라는 철학적인 고민일까요? 아니죠. 과연 어떤 것이 정답일까, 혹은 과연 어떤 것을 이 기업은 좋아할까라는 고민이겠죠. 그 고민 자체가, 자기에 대한 답이 아닌 상대가 원하는 답을 만들려고 했다는 거니까 그건 곧 거짓이 되는 거죠. 사회적 바람직성에 의한 응답인 거죠.

인성검사는 일관성이라는 측면에서 그걸 찾아내고 그런 거짓말을 걸러내요. 수백 문항이라고 하지만 그 문항을 자세히 들여다보면 비슷한 질문의 반복인 경우가 많아요. 같은 질문을 다른 형태로 계속해서 반복한다는 거죠. 솔직하게 대답했다면 동일한 패턴이 나와야 하는데 몇몇 질문에 고민을 하게 되면 패턴이 다르게 나와버려요. 압박감을 느끼는 상황에서의 인내력을 묻는 다섯 가지 질문에 모두 다 22222가 나와야 하는데 22233이 나와버린다는 거죠. 그럼, 그건 거짓말로 판정이 나죠.

조직 적합성에서 가장 위험시되는 것이 거짓을 말하는 인성이에요. 수많은 직무와 역할이 있으니 다양한 성격이 필요하지만, 그 어떤 직무와 역할에도 거짓된 사람은 필요하지 않으니까요."

"그렇군요. 하지만 아무리 그렇게 생각해도 이왕이면 다홍치마라고, 좀 더 좋은 쪽으로 포장하고 싶지 않을까요? 모든 질문에 좋은 쪽으로만 대답하면 패턴도 어느 정도 일치할 것 같기도 하고요."

"만약 어떤 사람이 인성검사를 했는데, 모든 면에서 아주 이상적인 사람으로 값이 나왔다고 생각해보죠. 그 사람은 어떻게 될까요?"

"높은 점수를 받지 않을까요?"

"반대예요. 반드시 떨어져요. 왜냐하면 그런 사람은 애초에 존재할 수 없으니까요. 모든 면에서 완벽한 사람은 존재하지 않아요. 그런 값이 나왔다는 건 역설적으로 그 자체로 이미 그 사람은 거짓을 말했다는 증거가 되는 거죠."

"아…"

"인성검사 문항이 아무리 알기 쉽다 하더라도, 그 본질적 구조가 쉬운 것은 결코 아닙니다. 수많은 심리학 이론과 실제 경험들을 데이터화해 종합해서 만든 구조니까요. 그 구조를 완벽히 속이면서 합격할 만한 인성을 만들어간다는 것은 사실상 불가능에 가까워요. 그러니 절대 거짓으로 대답해선 안 되는 거죠."

"하지만, 아무리 생각해도 스스로 판단하기에 자신은 조직 적합성이 떨어지는 사람이란 생각이 들면 어떻게 하죠? 인성검사의 목적이 조직 적합성인데 솔직하게 대답했을 경우 결과가 조직에 적합하지 않는 것으로 나올 것이라 확신이 드는 경우엔, 솔직하게 대답해도 떨어지게 되지 않을까요?”

“그래서 어떤 인사담당자들은 취업강연에서 그렇게 이야기해요. 인성검사는 또라이 판별 시험이다, 튀거나 이상하면 떨어진다. 시험 치기 전에 자기가 지원한 분야의 인재상을 미리 알아내고 거기에 맞는 인격을 설정해라. 그걸 외우고 무조건 그대로 시험을 쳐라, 그래야 붙는다고 말이죠.

결론부터 이야기하면 인성검사에 대해 전혀 모르는 사람이니까 그런 이야기를 할 수 있는 거예요. 인사담당자의 상당수는 인적성검사의 알고리즘을 정확히 이해하지 못하고 있어요. 외주를 주고 결괏값만 받아오니까요. 지원자가 어떻게 대답했느냐는 보지 않고 결과만 받아서 보는 거죠. 그런 사람들이 어떻게 대답하느냐의 ‘어떻게’를 정해준다는 것 자체가 모순입니다.

다시 말하지만 인성검사의 질문 안에는 수많은 심리학적 지표와 기법들이 사용됩니다. 그걸 전부 속여가며 시험을 칠 수 있는 사람은 절대 흔하지 않아요.

더군다나 인성검사는 보통 적성검사를 치고 난 직후에 치게 되요. 적성검사는, 뒤에 이야기하겠지만, 혹독한 지능검사예요. 보통 적성검사 시간이 90분인데, 그 말은 90분 동안 계속해서 뇌를 사용해야 한다는 뜻이에요. 그렇게 사용하고 나면 뇌가 버닝을 해버려요. 그 상태로 인성검사를 치는 거죠. 그런데 거기에 자신이 정한 인격을 계속 생각하면서, 그 인격에 맞게 수백 문항을 50분 안에 치면서 일관되게 나오게 만든다?

인성검사는 무엇을 위한 수단이라고 했죠? 면접의 보완재라고 말했죠. 만약 인성을 만들어내서 시험을 쳤다면, 면접에서 받는 질문에서도 자기가 만든 인격에 준하는 답을 해야 함을 의미해요. 만에 하나 만들어진 인격으로 붙었다고 하더라도 이번엔 사람까지 속여야 하는 거죠. 정밀한 심리적 장치로 이루어진 시험을 속이고, 면전에서 사람까지 완벽하게 속일 수 있다? 그런 사람이면 차라리 배우를 해야겠죠."

"듣고 보니 그러네요. 면접까지 포함해서 생각하면 더더욱 그렇고요."

"연비 씨 주변의 선배들 중 취업을 한 사람이 이런 이야길 할 수도 있을 거예요. '아니다, 나 같은 경우에는 인격을 만들어서 시험을 쳤고 면접까지 잘 치러서 붙었다. 이게 맞다.' 이런 식으로요.

처음 만났을 때 했던 이야기 기억해요? 취업에 합격한 사람은 자기가 합격한 정확한 이유를 알지 못한다는 말. 그 사람이 붙은 이유는 인격을 만들어서 쳤기 때문이 아니라, 그렇게 만들어낸 결괏값이 탈락할 정도는 아니어서 일수도 있다는 거죠. 인적성검사가 걸러내는 범위는 광대하니까.

분명한 건 속였기 때문에 합격한 게 아니라 속임의 정도가 떨어지지 않을 정도의 선이었다 일수도 있다는 거죠. 기억하세요. 사람들이 가진 거의 대부분의 인성은 크게 뒤틀리지 않았어요."

"…"

"솔직하게 대답하는 것만으로도 조직 적합성에서 크게 벗어나는 경우는 흔치 않다는 이야기예요. 말했듯이 조직 적합성을 가장 해치는 것은 근면함이 없는 것이 아니라 거짓을 말하는 거예요. 인성검사는 그걸 걸러내기 위한 작업이에요. 그렇기에

인성검사는 최고를 뽑는 것이 아니라 최악을 걸러내는 작업

이고요. 따라서 정답은 최고가 되기 위한 방법이 아니라, 최악을 면하기 위한 방법에서 찾아야 합니다. 솔직하게 치는 것, 그게 답이에요."

"최고를 뽑는 것이 아니라 최악을 걸러내는 작업이라, 확 와 닿는 말이네요. 잘 알겠습니다."

"인성검사는 이 정도만 기억해도 충분할 것 같네요. 사실 그렇게 어려운 일도 아니고요. 지난주에 문제지를 주면서 제가 이런 말을 했었죠. '인적성검사는 정답 없는 정답을 정해야 하는 괴로움과 노력으로 될까라는 자괴감을 느끼게 되는 단계다'라고요."

"네, 기억하고 있습니다."

"정답 없는 정답을 정해야 하는 괴로움이 바로 인성검사이에요. 정답이 없기에 정답을 정하거나 만들지 마세요. 그 괴로움을 벗어나

는 유일한 방법은, 속이려 하지 않는 솔직함입니다.”

“알겠습니다.”

“좋아요. 자, 그럼 이제 노력으로 될까라는 자괴감을 선물할 적성 검사에 대해 알아보도록 하죠.”

✳ 25
적성검사의 결과는
학벌과 유사하다

"적성검사, 풀어보니 어떻던가요?"

"지능검사에 수능을 얹힌 느낌이 들었습니다."

"흥미로운 표현이네요. 그렇게 생각한 이유는요?"

"문제유형이 크게 두 가지라 생각되었거든요. 많이 알아야 풀 수 있는 문제와 많이 사고해야 풀 수 있는 문제, 이렇게 말이죠. 비율은 2대 8 정도로 사고해야 하는 문제들이 더 많았고요."

"맞아요. 적성검사는 그 두 가지를 보기 위함이에요. 기반지식과 사고능력, 이 두 가지를 말이죠. 그중에서도 특히 두 번째인 사고능력, 좀 더 정확히는 판단력, 예측력, 창의력, 이해력 등의 총체적인 사고능력을 많이 보죠.

자, 그럼 이걸 한번 물어볼게요. 대한민국의 모든 취업준비생들의 기반지식과 사고능력을 점수화시켜 매긴 후 올림차순으로 나열한다고 생각해봐요. 그렇게 매겨진 순위와 거의 비슷하게 나오는 또 다른 것이 무엇일 거 같아요?"

"음… IQ와 같은 것들이 아닐까요? 아니면 말솜씨나 혹은 자소서 순위?"

"바로 학벌이에요."

"학벌이요?"

"네, 학벌이죠. 실제로 블라인드 테스트로 아무 정보가 없는 상태에서 적성검사를 친 학생들의 점수를 올림차순으로 나열하고 학벌을 대입해보면 대부분은 일치해요. **높은 점수를 획득한 사람일수록 좋은 학벌을 가지고 있죠.**"

"그렇군요… 아, 그렇다면 그 말은…"

"맞아요. 적성검사는 학벌의 상위 호환책이에요. 채용은 결국 최종적으로 우수한 부품을 선발하는 행위예요. 우수한 부품을 선발하는 이유는, 우수한 부품일수록 기업에 좀 더 많은 이익을 만들어낼 가능성이 높으니까요.

대한민국에서 우수함을 가장 쉽게 나누는 기준은 역시 학벌이죠. 아직까진 고학벌이 가지는 종합적인 능력이 그렇지 않은 자들보다 높다고 판단하니까요. 그 학벌에 기대하는 높은 능력의 가능성을 한 번 더 자사의 기준으로 검증하는 것, 그게 적성검사를 통해 가능한 거죠.

요즘 기업들이 이력서에서 점차 학벌을 안 보는 추세라고 말하는데, 기업이 학벌을 보지 않을 수 있는 이유는 이 적성검사에서 일정 수준 이하의 대학들은 자동적으로 탈락하는 구조가 만들어지기 때문이에요. 상위 호환책이라고 말을 하는 이유는 학벌이 여러 가지 변수들이 좀 더 많거든요. 수능이라는 한 번의 결과로 정해지니까, 그때 당시의 컨디션이나 외부 스트레스에 반응하는 정도도 작용을 할 것이고, 입시 제도의 다양화로 내부적 역량뿐 아니라 외부적 환경 혹은 전략들도 작용하죠.

평균 IQ만 보더라도 서울대 학생의 IQ가 대한민국 평균보다 10점 정도 높게 나와요. 분명 차이는 나지만 그렇게 크진 않다는 거죠. 하지만 적성검사는 그런 것들이 상대적으로 적어요. 적성검사 결과에 대한 외부변수가 상대적으로 낮다는 것이고, 이는 곧 좀 더 직접적으로 개개인의 '성과 가능성'을 수치화하기 용이하다는 이야기입니다. 적성검사가 학벌의 상위 호환책이라는 건 그런 이유고요."

"정말 다양한 장치를 통해 악착같이 '성과 가능성'을 측정하려고 노력하네요 기업은."

"맞아요. 어쨌든 이윤창출을 제1목적으로 하는 사적 욕망을 지향하는 단체니까요. 선별권이 자신들에게 있다면 당연히 높은 이윤을 가질 수 있는 모든 확률적, 통계적 검증 방법을 동원하려고 하겠죠.

채용시장을 잘 살펴봐도 그건 쉽게 알 수 있어요. 신문에 이런 기사들이 왕왕 나옵니다, 요즘 기업 학벌 보지 않는다고. 실제로 많은 기업들이 학벌 자체에 대한 평가를 낮추고 있거나 혹은 어떤 기업은 학벌 넣는 란을 아예 삭제하기도 합니다. 하지만, 확실한 건 **학벌과 적성검사를 둘 다 보지 않는 대기업은 거의 없습니다.** 앞으로도 없을 거고요."

"그렇군요. 결국 시스템에 맞는 우수한 부품을 뽑아 이윤을 창출한다는 제1목적이 변하지는 않을 테니까요."

"그렇죠. 그럼 여기서 다음으로 넘어가기 위한 질문 하나, 학벌과 적성검사가 언뜻 보기엔 비슷하지만 아주 큰 차이가 하나 있습니다. 그게 무엇일까요?"

"글쎄요… 자주 칠 수 있다? 그래서 학벌과 다르게 적성검사는 노력으로 충분히 바꿀 수 있다?"

"연비 씨는 참 재미있는 게, 가끔은 정답과 정반대되는 이야기를 한다는 거예요. 만약 그게 정답이라면 저는 처음 인적성을 이야기할 때 거짓말을 한 게 되는 거죠. 노력으로 만들 수 없는 가치 측정을 위해 인적성검사를 본다고 말했으니까요. 정답은 방금 연비 씨의 말에 정확히 반대예요."

"네?"

"연비 씨 말에 정확히 반대되는 말이 제가 물은 질문의 정답입니다. 학벌과 다르게 적성검사야 말로 노력으로 바꿀 수 없어요."

'하면 된다'의 영역이 아닌
'나야 된다'의 영역

"노력으로 바꿀 수 없다고요? 그 말은…"

"말 그대로예요. 적성검사는 노력으로 올릴 수 없어요. 노력을 하면 어느 정도 높아질 순 있지만, 그 상승폭은 좁고 금방 한계에 부딪치게 됩니다. 적성검사는 다양한 지식 수준이 20퍼센트, 이해력, 예측력, 판단력, 수리능력, 창의력 등의 사고능력이 80퍼센트로 이루어진 시험입니다.

지식 수준은 노력할수록 올라가겠죠. 많이 알고 많이 외우면 되는 문제니까요. 하지만 적성검사의 등급을 결정하는 것은 80퍼센트를 차지하는 사고능력입니다. 예측, 판단, 수리, 창의 등의 사고능력은 노력적인 측면을 보는 값이 아니라 순간적인 반응을 보는 값인 거죠. 측정을 위한 문제유형 역시 너무나 복잡하고 다양한 범위에서 치밀하게 설계되어 있어요. 단기 학습을 통해서는 쉽게 올라갈 수 없도록 구조화되어 있는 것이지요. 기업은 이미 노력의 영역을 이력서와 자소서로 검증했으니까, 또 다른 검증수단인 적성검사를 노력으로 통과될 수 있도록 설계하진 않았겠죠?”

“정말 그런가요?”

“한 가지 예를 대입시켜 생각해보면 제 말을 좀 더 쉽게 이해할 수 있을 거예요. 멘사라는 집단이 있죠. 거기에 들어가기 위한 기준은 각 나라별로 다르지만, 쉽게 IQ 상위 2퍼센트 정도가 들어간다고 해요. 그리고 우리는 멘사에 들어간 사람들을 흔히 천재라고 이야기하죠. 천재란, 말 그대로 천부적인 재능을 가진 자, 여기서 천은 하늘 천 자예요. 하늘이 준 재능을 가진 자, 즉 선천적 재능을 타고 난 사람을 의미합니다.

이 말에 숨겨진 맥락은 **우리는 이미 IQ를 '후천적 노력'이 아닌 '선천적 능력'의 영역으로 인정하고 있다**는 거예요. 적성검사는 무엇을 본다고 말했죠? 80퍼센트를 차지하는 사고능력은 곧 IQ의 영역과도 일치해요. 이걸 종합해 삼단논법으로 생각하면 이렇게 되겠죠. 'IQ는 선천적 재능이다.' '적성검사는 IQ와 밀접한 연관이 있다.' 고로 '적성검사는 선천적 재능과 밀접한 연관이 있다'라고 말이죠.”

“그렇게 생각해보니 맞네요. 노력한다고 올라갈 수 없는 영역…”

“처음 인적성검사를 말할 때 '과연 하면 될까라는 자괴감'이 드는 영역이 바로 적성검사의 영역이에요. 노력하기 좋아하는 사람들은 흔히 '하면 된다'라고 말을 합니다. 하지만 냉정하게 말하면,

적성검사는 '하면' 되는 영역이 아니라 잘 타고 '나야' 되는 영역

입니다. 조금 더 이론적인 말을 덧붙이자면, 적성검사를 통해 알아내고자 하는 사고능력은 곧 지능을 의미해요. 지능이란 영역은 스터버그의 구분을 기준으로 세 가지로 나뉩니다. 분석적 지능과 실용적 지능 그리고 경험적 지능으로요.

적성검사의 문항에서 가장 많은 부분을 차지하는 것은 분석적 지능과 관련된 문항이에요. 이 분석적 지능능력을 수치화한 것이 IQ고요. 분석적 지능을 중점적으로 알아내려는 이유는, 분석적 지능이 업무수행과 가장 높은 연관성을 지닌다는 그간의 연구결과에 바탕을 두고 있어요.

요즘은 실용적 지능에 대한 요구도 높아져서 삼성의 GSAT를 중심으로 다양한 기업들이 실용적 지능에 대한 분석도 함께 들어갑니다. 이 실용적 지능 역시 선천적 영역에 해당하는 부분이고요. 경험적 지능은 아직까진 측정하지 않아요. 이건 곧 창의성인데, 창의성을 시험 문제로 분석하는 건 아직 기술적으로도 어렵거니와, 많은 시간이 소요돼 공채 기간에 분석하기엔 한계가 있거든요."

"그렇군요. 그럼 결국 적성검사엔 준비와 대비 자체가 무의미하겠네요."

"그럴 수도 있다는 생각을 바꾸는 것이 이제부터 할 이야기의 목표예요."

"네? 아무리 노력해도 바꿀 수 없는 게 적성검사라고 하셨잖아요?"

"맞아요. 하지만 그건 적성검사를 보는 시각을 '잘 봐야 하는 시험'으로 생각했을 때 그런 거예요. 시각 자체를 바꾸면 조금 다른 이야기가 가능합니다."

"시각을요?"

"네, 적성검사는 '잘 봐야 하는 시험'이 아니라, '못 보지 않아야 하는 시험'입니다. 이 시각에서 보게 되면 어느 정도의 학습과 요령은 필요해요. 그걸 이야기해보도록 하죠."

※ 27

적성검사는
못하지 않기 위한 싸움이다

"적성검사는 사실상 자기 능력 이상으로 올라갈 순 없는 시험입니다. 임계점이 분명한 영역이며, 임계점 이상엔 강력한 천장이 있어 돌파하기 어려운 영역이죠. 그래서 한계 돌파를 목적으로 한다면 적성검사에 들이는 노력은 어쩌면 무의미할 수도 있습니다.

그런데 다른 의미로 한계점이란 건 올라갈 수 있는 최대치를 의미합니다. 최대치는 항상 갈 수 있는 점이 아니라, 최고의 컨디션일 때 갈 수 있는 지점을 의미하죠. 즉, '여기가 한계점이니 이제 더 못 올라가겠네'라고 말하기 이전에, 그 사람이 늘 거기까지 올라갈 수 있다는 건 아니라는 거죠."

"100미터를 10초에 달리는 사람의 한계점을 10초라고 봤을 때, 매번 달릴 때마다 10초가 나오는 건 아니라는 뜻이군요."

"맞아요. 아주 적절한 예네요. 10초는 한계치인 동시에 최대치니까요. 늘 10초가 나오진 않죠. 오히려 10초보다 못 나오는 경우가 많겠죠. 가장 컨디션이 좋을 때 10초가 나온다는 의미니까요. 그래서 그 달리기 주자의 능력을 최대 지점이 아닌 최소 지점과 최고 지점의 영역으로 보자면, 그 주자는 10~12초의 영역을 가지고 있는 거죠. 컨디션이 좋지 않을 때는 12초, 컨디션이 좋을 때는 10초와 같이 말이죠.

선천적 재능이라는 IQ검사도 마찬가지예요. IQ가 150인 사람이 늘 150이 나오진 않는다는 거죠. 컨디션에 따라 135~150 정도의 유동성이 있다는 거죠. 적성검사 역시 같아요. 유동성이 있는 거죠.

가령 그 유동성을 100점 만점에 45~60점으로 잡아봐요. 그럼 그 사람의 적성검사는 최대치가 60인 동시에 최저치는 45점이라는 거죠. 노력으로 60점 이상을 받기는 힘들겠지만 노력으로 45점은 안 받게 할 수 있다는 겁니다. 더군다나, 만약 적성검사 점수의 커트라인이 55점이라면? 그 사람이 적성검사를 볼 때 평소보다 낮은 점수를 받으면 떨어지겠지만, 자신의 최대치에 가까운 점수를 받게 되면 합격하겠죠. 즉,

적성검사는 잘 치기 위한 싸움보다는 못 치지 않기 위한 싸움

의 성격이 강하다는 거죠. 못 치지 않기 위한 노력, 그것이 적성검사를 대비하는 방식입니다. 이런 시각에서는 노력이 아주 불필요한 것만은 아니겠죠."

"확실히 알겠습니다. 그런 노력에는 어떤 것들이 있나요?"

"가장 직접적인 방법은 '익숙화 작업'이에요."

"익숙화 작업이요?"

"동물을 한 번도 보지 못한 사람에게 코끼리를 설명하면 알아들을까요? 반면 코끼리는 아니더라도 여러 동물을 보고 이미 알고 있는 사람에게 코끼리를 설명하면요?"

"여러 동물을 알고 있는 사람에게 설명하기가 훨씬 유리하겠죠. 기본적인 동물의 개념도 잡혀 있는 데다가 다른 동물의 특색과 조합해서 설명해주면 상상하기도 편할 테니까요."

"바로 그거예요. 우리의 뇌는 새로 접하는 영역에 대해 기존에 경험했던 다양한 '패턴'을 활용해서 해석하려는 경향이 있습니다. 아무리 새로운 것이라고도 하더라도, 그것과 유사한 '다른 패턴'이 이미 존재한다면 새로운 것을 습득하고 해석하는 속도가 빨라지는 거죠.

적성검사도 마찬가지입니다. 아무리 선천적 지능에 의존한다 하더라도, 이 지능이 잘 발휘되기 위해서는 완전히 낯선 것보다는 어디선가 보았던 것이라고 뇌가 인지하게 만들어야 하는 거죠. 그렇게 되면 낯선 것을 좀 더 빨리 이해하고 해석하려 할 테니까요. 뇌가 적성검사 문제에 익숙함을 느끼게 만드는 것, 그걸 익숙화 작업이라고 합니다.

수능 치기 전날 꼭 시험장을 방문해보라고 하잖아요. 익숙하지 않은 곳은 집중력에 영향을 주니까요. 적성검사도 마찬가지예요. 이것만 잘 갖추어도 완전히 낯설기 때문에 발생할 수 있는 문제를 상당

부분 해결할 수 있어요. 그것만 하더라도 최소한 최악으로 못 치는 경우는 피할 수 있는 거죠."

"적성검사의 다양한 문제 패턴을 최대한 익히란 말이군요."

"맞아요. 처음 과제를 낼 때 적성검사는 채점하지 않을 테니 정답을 너무 고민하지 말라고 말했던 이유도 이것 때문이에요. 모의고사 형식으로 푸는 한두 문제의 정답을 맞혔다고 하더라도 그 문제가 그대로 적성검사에 나올 리는 만무하니까요. 문제의 정답을 맞히기 위해 많은 시간 고민하고 생각하는 것보다, 그런 문제들의 다양한 방식과 패턴을 이해하는 노력이 필요합니다. 문제를 푼다는 생각이 아니라, 문제를 읽고 이해한다는 생각을 가지는 거죠."

"잘 이해했습니다."

"적성검사를 위해 많은 시간과 노력을 투자하지 말 것, 다만 시중에 나와 있는 문제집 한두 권 정도를 사서 읽는 형식으로 빠르게 패턴과 방식에 익숙해질 것, 그것을 통해 실제 적성검사에서 새로움이 주는 낯섦에 당황하는 사태를 피할 것, 이것이 최악을 피하기 위한 준비법의 핵심입니다."

"알겠습니다. 처음에 인적성에 대해 들었을 때는 선천적이라는 말에 너무 매몰돼서 답도 없다고 느꼈는데, 이렇게 듣고 보니 조금은 안심이 되네요."

"다시 말하지만, 안심하세요. 지금까지 말한 인적성검사는 처음 이야기한 것과 같이 붙이기 위한 용도가 아니라 떨어뜨리기 위한

용도입니다. 선천적인 능력을 본다고는 하지만 커트라인이 굉장히 높진 않아요. 쉽게 요약하자면

인성검사는 최악을 빼기 위한 용도

적성검사는 일정 수준 이하를 걸러내기 위한 용도

인 거죠. 솔직하게 답한다면, 최악을 피하기 위한 최소한의 노력을 병행한다면 자신이 통과할 수 있는 인적성은 누구에게나 한두 가지는 있어요."

"그 말을 들으니 안심이 되네요. 좀 더 내 자신을 믿어야겠다는 다짐도 들고요."

"처음 걱정과는 달리 오히려 자신감이 붙은 듯한 연비 씨의 모습, 아주 보기 좋아요. 자, 이렇게 인적성까지 이야기를 끝냈습니다. 여기까지가 떨어지지 않기 위한 싸움에 대한 이야기였어요. 인적성에 대해 좀 더 물어보고 싶은 것들이 있나요?"

"충분히 잘 들은 것 같습니다. 고맙습니다."

"그럼, 다음 주에는 드디어 붙기 위한 싸움, 면접에 대한 이야기를 할 거예요. 면접은 기업마다 보는 종류가 달라요. 우리는 그중 가장 많은 기업이 보는 방식을 기준으로 역량 면접, PT 면접, 토론 면접, 임원 면접 이 네 가지에 대해 모두 알아볼 거예요. 그것까지 말하고 나면 연비 씨가 그토록 원하던 채용의 모든 것을 알게 되는 거예요."

“아… 어느새 마지막이군요. 기대되는 만큼 아쉬움도 크네요.”

“어차피 우린 계속 볼 거니까 아쉬워할 필요는 없어요. 자, 다음 주 미션을 드릴게요. 이번 미션은 두 가지예요. 먼저 첫 번째는 본인이 함께 일할 사람을 뽑는다면 어떤 점을 볼 것인가를 다섯 가지 항목으로 적어오세요. 두 번째는 여기 적혀 있는 컨설팅회사에 가서 모의 면접을 받아보세요. 제가 이야기해놓을 테니 컨설팅비는 걱정하지 마시고요.”

장선생은 연비에게 명함 한 장을 건넸다. 취업 컨설팅회사 명함이었다. 장선생이 말을 이어갔다.

“그 회사에 가면 역량 면접, PT 면접, 토론 면접, 임원 면접까지 네 가지 종류의 면접을 두 번씩 보게 될 거예요. 마지막 면접 관련 내용은, 이 경험을 토대로 연비 씨가 궁금한 것들을 저에게 인터뷰하는 형태로 진행될 겁니다.”

“이합 부사장님 인터뷰처럼 말이군요.”

“조금 다를 거예요. 이합 부사장 인터뷰의 경우는 인터뷰라기보단 정보습득의 목적이 강했어요. 면접을 직접 경험하고 인터뷰를 하는 이유는, 좀 더 본인이 주도해서 답을 찾게 하기 위함이에요.

떨어뜨리기 위한 싸움터와 붙기 위한 싸움터의 가장 큰 차이점은, 전자의 경우 채용담당자의 욕망을 파악하는 시각이 중요했다면, 후자의 경우 그 시각에 자기주도성이 반드시 더해져야 하거든요. 그런 의미에서 학습 형태도 자기주도적으로 변형하는 게 좀 더 효율적일 것이란 판단이고요.”

“아… 그런 뜻이 있었군요. 알겠습니다. 말씀하신 것들을 준비해 다음 주에 뵙도록 하겠습니다.”

장선생과 헤어지고 돌아오는 지하철 안에서 연비는 노트를 꺼냈다.

인적성의 법칙
열여덟, 인성검사는 일관성을 위해 솔직하게 적어야 한다.
열아홉, 적성검사는 잘하기 위한 싸움이 아니라 못하지 않기 위한 싸움이다.
스물, 인성검사는 최악을 걸러내기 위함이며, 적성검사는 일정 수준 이하를
걸러내기 위함이다.

이렇게 떨어지지 않기 위한 싸움터에 대한 모든 내용을 정리했다. 처음 시작할 때에 비해 많은 것들을 배웠고, 전혀 생각지도 못했던 많은 시각들을 습득했다. 연비는 문득 그런 생각이 들었다. ‘이 모든 것들을 다 알게 되었을 때, 나는 웃으며 시스템의 부품이 되는 길을 걸어갈 수 있을까’.

어째서 그런 생각이 들었는지, 어떤 감정이 그 질문에 함께했는지, 쉬이 대답할 수 없는 여러 형태의 생각들이 그 질문에 녹아 있었다. 오늘은 그런 날이었다. 만감이 교차하며 뒤숭숭한 날 말이다.

질문 인적성검사, 어떻게 쳐야 하는가?

1. 인성검사는 어떻게 쳐야 하는가?

인성검사는 솔직하게 적어야 한다   78.8%

인성검사는 인재상에 맞춰 적어야 한다   21.2%

답변 거짓말을 하거나, 인성에 문제가 있는 친구들을 걸러내는 거죠.
솔직하게 체크해야 돼요. 인위적으로 체크해서 인재 부합도가 높게 나올 수는 있지만, 응답 일관성에서 라이어가 나오면 탈락이거든요. 50분이란 짧은 시간에 400문항이 되는 그 많은 문항을 똑같이 일관성 있게 체크할 수 있다? 불가능하거든요.

해결책 일반적인 인성을 가지고 있는 사람이면 누구나 통과할 정도인데 왜 떨어지느냐? 붙어야 되겠다는 욕심으로 인해서 자기 자신이 아닌 것처럼 꾸미려고 하다보니까 떨어지는 거예요. 옳게 보이는 것만 체크하면 떨어질 수 있다는 거죠. 인성검사의 목적은 높은 점수를 찾는 게 아니라, 정말 이상한 애들을 걸러내는 거죠. 인성검사 때문에 떨어지는 사람도 많지 않고요.

2. 적성검사는 학벌과 유사한가?

적성검사는 학벌과 유사하다   94.1%

적성검사는 학벌과 유사하지 않다   5.9%

답변 학벌 측면에서 가장 큰 허들 중 하나가 적성검사예요.

저희 내부자료를 보면 적성검사를 가장 잘 받은 사람부터 꼴찌인 사람까지 정렬시켜놓고 그 옆에 대학을 붙여놓으면 거의 유사하거든요. 지능검사는 누가 잘 나오겠어요? 학교 좋은 사람이 잘 나오겠죠? 거기서 걸리는 거예요. 그러다 보니 지방 대학교를 다니는 친구들이 적성검사에서 자연적으로 다 떨어져나가요. 학교 안 보는 척 하면서 학교 보려고 하는 거일 수도 있죠. 시험이란 게 있으면 통과한 애들은 대부분 학벌 좋은 애들이라는 걸 알고 있으니까요.

해결책 시험장에 들어가기 전, 문제유형 파악은 기본이죠.

적성검사는 개발할 수 있는 약간의 여지가 있어요. 우선, 시험을 볼 때 당황하지 않기 위해 문제유형을 파악해야죠. 뭐가 나오는지도 모르고 시험에 들어가면 문제 파악하는 데만 한참 시간이 걸리니까요. 문제은행에서 내는 곳도 있으니까 많은 문제를 접하면 조금 나아지는 것 같아요.

면접의 주도권을 누가 가지느냐가 중요한 거 같아요.

저는 반도체회사에 지원할 때 웨이퍼 공정을 해봤다고 얘기하고,

제가 직접 만든 웨이퍼를 들고 갔거든요.

그러니까 거기에 대한 질문이 막 쏟아지는 거예요.

결국, 면접을 제가 원하는 방향으로 이끄는 중요한 포인트가 될 수 있었죠.

그걸 만든 사람은 나잖아요. 제가 하고 싶은 얘기 다 할 수 있게 되는 거죠.

면접이라고 하면 대답만 생각하는데, 질문도 잘 이끌어내면 좋은 거 같아요.

_S기업 인사담당자

stage TWO

붙기 위한 싸움

역량 / PT / 토론 / 임원 면접

CHAPTER 5

역량 면접은 '잘할 수 있는가'와 '함께할 수 있는가'를 판단한다

면접관들이 모여서 항상 하는 얘기가 있어요.
"자기가 지원한 직무에 대해서 모르고, 자기가 할 일이 뭔지도 몰라."
이게 가장 큰 문제거든요.
자신이 지원한 직무가 뭔지 정확히 아느냐 모르느냐에서 갈리는 거예요.
거기서 게임이 끝나는 거예요.
모든 면접의 기본은 '직무역량'이에요.
본인이 지원한 분야의 전공 지식이나 직무역량 부분에서
자신 있는 친구는 나머지 부분도 확실히 어필이 되는 거 같아요.
_N기업 인사담당자

28

면접장에 들어가기 전에
무엇을 평가받는지는 알아야 한다

마지막 주가 밝았다. 일주일 동안 연비가 가장 먼저 한 일은 장선생이 말한 첫 번째 미션을 완수하는 것이었다. '주어진 역할을 수행할 역량을 갖춘 사람, 함께 일하는 시간이 즐거운 사람, 잘못된 선택을 했을 때 조언을 받아들일 수 있는 사람, 거짓을 말하지 않는 사람, 부족함을 배우려고 노력하는 사람' 연비는 이런 다섯 가지의 기준을 고민 끝에 정했다. 만약 자신이 사장이라면, 이런 사람과 함께 일하고 싶다는 생각을 했기 때문이다.

그 뒤 연비는 장선생이 말한 곳에서 이틀에 걸쳐 총 여덟 번의 모의 면접을 봤다. 각 단계별 면접을 진행하면서 해당 면접의 취지를 이해하려고 노력하는 한편, 의구심이 드는 내용들은 메모해두었다. 그리고 오늘, 그 의구심을 해결하는 과정을 통해 '그토록 알고 싶었던 채용이란 시장이 끝이 나겠구나'란 생각이 들었다.

지금 그는 장선생의 사무실에 앉아 있다.

"제가 말해준 미션은 잘 수행해 왔나요?"

"할 수 있는 한 성실히 하려고 노력했습니다."

"연비 씨라면 그랬을 거라 믿어요. 자, 먼저 첫 번째 미션부터 확인해볼까요? 연비 씨는 어떤 사람을 뽑을 건가요?"

"제가 정한 함께 일할 사람의 다섯 가지 기준은 이렇습니다."

연비는 자신이 작성한 메모를 건넸다. 유심히 그 메모를 들여다본 장선생은 다시 대화를 이어나간다.

"이런 사람이라면 나라도 정말 뽑고 싶겠네요. 그런 사람인 것을 확인하는 마지막 작업이 바로 면접이에요. 다섯 가지 기준을 만들어보라고 했던 것은, 취업준비생이 아닌 채용담당자의 입장에서 뽑는다는 생각을 해보길 바랐기 때문이에요.

연비 씨는 충분히 고민했을 것이고, 본인이라면 '이런 사람과 함께 일하고 싶다'라는 생각으로 이 기준을 정했을 거예요. 기업도 마찬가지예요. 모든 기업이 면접을 하기 전에 먼저 정하는 것은 뽑을 사람에 대한 기준입니다. 그 기준을 가지고 다양한 면접을 통해 지원자들을 살펴보는 거죠.

자, 상상해보세요. 연비 씨가 이 기준을 가지고 사람을 뽑으려고 면접을 진행합니다. 연비 씨라면 어떻게 저 기준과 피면접자들을 매칭할 건가요?"

"해당 항목에 대한 질문들을 해보겠죠. 그리고 그 질문에 대해 대답하는 그 사람들의 태도와 말에 담긴 진심을 파악하려고 노력하겠죠. 그 과정을 통해 제가 뽑을 사람이 보이지 않을까요?"

"맞아요. 하지만 만약 연비 씨가 봐야 하는 면접자가 100명이라면? 그 100명의 대화를 모두 기억할 수 있을까요? 마지막 100번째 사람의 면접이 끝났을 때, 그 사람과 처음 면접 본 사람을 비교해서 누가 더 적합한지를 기억만으로 알 수 있을까요?"

"그건…"

"힘들겠죠. 기업의 채용도 마찬가지예요. 아주 많은 수의 피면접자를 상대해야 하기 때문에 개인의 판단과 기억만으론 한계가 있죠. 이를 보완하기 위해 기업은 자신들이 만든 **절대 기준으로 피면접자를 등급화**합니다. 그렇게 등급을 나눈 후 **상대평가로 순위화**하죠. 그 순위에 따라 처음 뽑기로 한 사람의 수만큼 우선 합격을 시킵니다.

면접은 처음부터 뽑을 사람의 수를 정해놓고 시작해요. 적합한 인재를 뽑으려 하겠지만, 결국 적합함이란 상대적인 지표예요. 정확한 측정을 위해서는 상대성을 측정할 수 있는 방식, 즉 등급화와 상대평가는 필수라는 거죠."

"면접은 그 자체로 절대평가 기준의 선정과 그 기준에 의한 상대평가가 필요한 작업이란 말씀이시군요."

"맞아요. 기준의 선정 과정에서 각 기업은 면접평가표를 만듭니다. 기업마다 다르지만 보통 세 가지 항목을 만들어요. 그리고 면접장에서 다양한 질문을 통해 각 피면접자의 해당 항목 등급을 매김니다. 그렇게 모든 면접이 끝난 후 해당 등급을 합산해서 수치화하죠. 그 수치를 가지고 상대평가를 통해 약 1.5~2배수로 1차 면접(실무진 면접) 합격을 시킵니다. 합격시킨 인원은 2차 면접(임원 면접)을 통해 최종 선발을 결정짓게 되죠.

예를 들면, 다섯 가지 평가 항목에 SABCD(S 매우 우수, A 우수, B 보통, C 미흡, D 매우 미흡)로 등급을 매겨요. 각 항목별로 D가 하나라도 있는 지원자는 우선 탈락시키며, 각 등급을 점수화해 총점을 매긴 후, 그 점수로 인원을 선발하는 거죠. 이게 무슨 의미일 것 같나요?”

“면접 역시 기준과 수치에 의해 진행이 되는군요.”

“바로 그거예요. 임원 면접은 이런 과정과는 조금 성향이 다른데, 그건 뒤에 이야기하죠. 세 개든, 다섯 개든 기업이 정한 평가등급표의 등급을 토대로 역량 면접, PT 면접, 토론 면접을 진행하게 됩니다.

결국 이렇게 생각해볼 수 있어요. 면접의 시작에는 사람이 없습니다. 평가 항목과 등급이 있을 뿐이죠. 때문에 면접을 보는 사람이 가장 먼저 준비해야 하는 것은 어떤 평가 기준이 있는가와 거기에 높은 등급을 받기 위해선 어떤 답변을 해야 하는가에 대한 전략적 고찰입니다.”

“평가 기준은 어떤 것들이 있는 거죠? 말씀하신 것처럼 기업마다 다르다고 하는데, 그걸 알아낼 수 있는 방법은 없나요?”

“기업마다 평가 기준이 다르다고 하지만 본질적으로는 같습니다.

같은 내용들에 가중치나 해석의 여지가 조금 다를 뿐이니까요. 가장 많이 보는 것은 **직무역량과 태도**입니다. 지원한 직무에 관해 본인이 지금까지 쌓았던 역량과 태도를 바탕으로 그 일을 얼마나 잘할 수 있는지 미래의 가능성을 면접관한테 보여주면 됩니다.

두 번째는 **협업역량**입니다. 대학에서 혼자 공부하다 함께 일하는 것이 익숙하지 않은 요즘 취준생들이기에, 기업이 특히 많이 보는 부분입니다. 이력서나 자소서에서 확인하기 힘든 부분이기도 하고요. 마지막으로 그 **기업의 핵심 가치와 인재상**이 되겠죠.

모든 기업들은 각기 다른 이름으로 결국 세 가지를 측정하기 위해 면접평가표를 만들어요. 이 세 가지를 준비하는 것이 그래서 면접 준비의 핵심인 거죠."

"그렇군요. 자소서의 평가 기준인 직무역량과 인재상에서, 협업역량이란 기준을 추가한다고 봐도 되겠네요."

"맞아요. 다만, 앞서 말한 것처럼 '성과 가능성'을 포괄적으로 보더라도 각 과정별로 좀 더 유심히 보는 부분이 있고, 무엇보다 면접의 경우는 텍스트인 서류로 볼 때와 실제 사람을 볼 때의 차이도 있을 테니까, 비슷한 기준이더라도 시각은 조금 다른 거죠.

지금부터 그 과정에 대해 하나하나 살펴볼게요. 방식은 연비 씨에게 준 두 번째 미션인 인터뷰 형식으로 진행해보도록 하죠. 역량 면접부터 시작하겠습니다."

질문 지방 국립대는 취업에 어떤가?

취업에 유리하다   93.7%

취업에 유리하지 않다   6.3%

답변 대기업은 일정 수의 지방 국립대를 뽑을 수밖에 없어요.

지방 국립대의 위상은 해가 갈수록 떨어지고 있지만, 취업을 할 때만큼은 서울의 중경외시 정도나 그 이상의 혜택을 받는다고 보시면 되요. 요즘 학생들이 어떻게든 서울로 오려고 하다 보니 지방 국립대의 수능 점수는 점차 떨어지고 있어요. 하지만, 정부의 압박이나 사회적인 이미지 때문이라도 지방 대학교 학생을 안 뽑을 수는 없는 거죠. 심지어 반드시 지방을 뽑기 위해서 지방대 할당제를 하는 경우도 있죠. 삼성은 35퍼센트, 롯데는 30퍼센트를 지방대 출신으로 채용하겠다는 방침이 있잖아요. 여기서 확실한 혜택을 보는 거죠.

지방에 사람을 뽑을 때도 그 지방 사람을 선호하는 편이에요. 서울 애들 뽑아봤자 안 가잖아요. 그럼 기업 입장에서 지방의 누구를 뽑고 싶겠어요? 당연히 지방 국립대를 선호할 수밖에 없는 거죠. 지방 국립대가 전국에서는 괜찮은 대학이지만, 그 지역에서는 서울대학교니까요.

혜택 기업의 산업 기반 공장이 있는 지역에 그 지역 국립대가 지원하면 상당히 유리하죠.

예를 들어, 저희 회사는 대전에 공장이 있기 때문에 충남대를 선호하죠. 그런데 대구 지역의 학생이 지원을 한다? 선호할 이유가 굳이 없죠. 그 기업의 산업 기반이 어디에 있나를 보면 될 거 같아요. 특히 경상도에 있는 부산대, 경북대는 취업이 잘 되죠. 울산, 거제, 창원에 산업 기반이 있는 대기업이 많으니까요. 지방 국립대에 이공계가 취업이 쉽다는 게 이런 거랑 연결이 되는 거예요.

실제 경쟁 거점 국립 대학교에 가산점을 주거나, 지역끼리 경쟁을 하거나.
저희 같은 경우 전국에 통신사가 있다 보니 최대한 지역 대학 위주로 뽑고 있어요. 그러다 보니 인근 거주자를 우대해서 점수에 가점을 주거나, 채용 자체를 지역별로 분리해서 서울은 서울끼리, 대구는 대구끼리 지역별 경쟁을 하는 거죠. 서울의 명문대와 싸우지 않아도 되는 거죠.

29

역량 면접 질문은 이미
지원자 스스로가 결정했다

"음… 인터뷰를 하라고 하니 조금 어색하네요. 역량 면접을 경험하기 전에 가장 먼저 들었던 생각은 제가 잘할 수 있을지 확인 질문의 형태가 많았다는 것입니다. 그리고 그 질문의 시작이 제 자소서에 적혀 있던 내용을 중심으로 대부분 시작한다는 사실입니다. '영업관리 직무를 수행하기 위해 OO기업에서 인턴을 두 달간 하셨다고 말했는데, 거기서 무엇을 배웠죠? 그걸 어떻게 우리 회사 직무에 적용할 건가요?' 등과 같이 말이죠. 결국 이런 질문을 통해 직무역량을 파악하기 위해서겠죠?"

"아주 중요한 두 가지 사실을 함께 답변할 수 있는 질문이군요. 연비 씨가 제대로 파악하고 있네요. 훌륭해요. 앞서 면접관은 평가등급표를 가지고 면접을 진행한다고 말했어요. 그 평가등급표의 기준은 기업마다 다르지만, 결국 모든 기업이 가장 먼저 확인하려는 것은 '직무역량'이에요. 결국은 일을 잘하는 게 기업에선 가장 중요하니까요. 그래서 직무역량을 중점적으로 파악하는 면접 단계가 역량 면접이에요. 당연히 그 직무를 잘할 수 있을 것인가에 대한 확인 질문이 많을 수밖에 없겠죠.”

장선생이 말을 이어나갔다.

“또한, 연비 씨의 말처럼 그걸 확인하기 위한 **질문의 시작은 면접관으로부터 나오지 않아요.** 질문을 면접자가 만들어내지 않는다는 소리예요. 질문은 이미 면접장에 들어오기 전부터 정해져 있다고 봐도 무방해요. 바로 지원자가 적은 자소서죠. 거기엔 이미 지원자의 많은 정보가 담겨 있으니까요. 그리고 앞서 말한 것처럼 자소서에 핵심적으로 담겨 있는 것이 직무역량과 관련된 내용일 테니까요. 즉,

역량 면접의 직무역량 파악에 대한 질문은 이미 지원자가 정했다

는 거예요. 자소서의 역할이 다시 한 번 등장하는 순간이죠. 자신이 어떤 형태의 자소서를 적었느냐에 따라 자신이 어떤 질문을 받게 될 건지가 어느 정도는 정해진다는 거예요. 직무 관련된 내용으로 인턴을 적었다면 그와 관련된 질문이 나올 확률이 높고, 아르바이트를 적었다면 아르바이트에 대한 내용이 나올 것이고요.

많은 사람들이 면접을 준비하는 데 기존의 기출 질문 혹은 예상질문 등을 인터넷에서 찾아봐요. 찾아보는 만큼 많은 정보들도 나오고요. 그렇게 나온 질문 수십 수백 개의 답변들을 구상하고 그걸 외우

는데, 가치가 아주 없는 건 아니지만 효율성이 떨어지는 노력이에요.

그것보다 먼저 해야 할 준비는 본인의 자소서를 다시 한 번 보는 거예요. 그걸 보고 내가 적은 내용 중 직무역량을 파악할 수 있는 부분이 무엇인지를 체크해보고, 거기에 대한 여러 가지 사실들을 다시 한 번 정리하는 거예요. 인턴을 했다면 내가 그 과정에서 무엇을 느꼈는지, 이야기할 만한 에피소드들은 무엇이 있는지, 여기에 관련된 질문 중 내가 곤란할 것들은 무엇인지를 정리해보는 거죠. 그것만으로도 역량 면접에서 진행되는 직무역량 관련 질문은 대부분 대비가 가능해요.

PT 면접의 주제로 무엇이 떨어질지 모르잖아요? 토론 주제 역시 모를 것이고, 임원이 어떤 이야기를 할지는 그야말로 임원의 성향에 따라 완전히 다를 것이고. 결국, 면접 과정에서 지피지기를 할 수 있는 유일한 부분이 직무역량 관련 질문인 거죠."

"그렇군요. 모의 역량 면접을 보는데 자소서와 이력서를 첨부해서 오라는 이야기를 들었을 때 조금만 돌려 생각하면 충분히 파악할 수 있는 부분인데 제가 간과했네요. 만약 자소서에 거짓이 있거나, 자기가 하지 않은 일을 과장해서 표현하면 면접에도 영향을 끼치겠군요?"

"정확하게 짚었어요. 흔히들 이야기합니다. **자기 자소서에만 당당해도 면접의 반은 통과**한 거라고 말이죠. 자소서를 통해 질문을 뽑을 때, 면접관은 자소서에는 적혀 있지 않은 구체성을 물어볼 수 있는 것들을 많이 뽑아요. 거기에 지원자가 적은 내용의 진실을 확인할 수 있는 포인트들이 있거든요.

자소서를 보면 죄다 동아리활동에 자기가 리더래요. 공모전을 했다면 자기가 팀장이고요. 연구 프로젝트를 수행했다면 마치 자신이 없으면 안 되는 것처럼 중요한 역할을 맡았다고 이야기하죠. 그럼, 물어보는 거예요. 자신이 맡은 임무에 대해서 직무 연관성을 가지고 구체적으로 말이죠."

"그런 질문에 대한 답은, 직접 행하지 않았다면 제대로 답할 수 없겠군요."

"맞아요. 가령 공모전과 연구 프로젝트의 경우 해당하는 전문 내용은 면접자들도 알고 있는 내용이에요. 역량 면접에는 반드시 실무자가 포함되어 있으니까요. 그들은 실무 내용의 전문성을 토대로 물어봐요. '마케팅 공모전에서 팀장 역할로 전체 기획을 이끌었는데, 소비자 인사이트는 무엇으로 설정했습니까? 그걸 설정할 때 사용한 기법은 무엇이죠?', '영업관리 효율성 증가를 위한 연구 프로젝트를 진행했다는데 프로세스 구축 작업은 어떤 기법으로 만들어냈나요? 거기에 대한 검증 작업 결과는 어떻습니까?' 등과 같이요. 여기서 대답을 못 한다? 그럼 거짓말을 한 거예요. 본인이 팀장을 맡고 본인 주도로 프로젝트를 진행했다면 이걸 대답 못 할 수가 없거든요.

따라서 처음부터 솔직하게 자소서를 적었거나, 준비 과정에서 자소설을 자소서로 만들 관련 근거를 모두 익히거나, 이 둘 중 하나는 반드시 필요합니다. 1차 면접에서 탈락하는 사람들은 자승자박의 경우가 많습니다. 본인이 적은 내용을 근거로 만들어진 질문에조차 답변을 못 한다면 그건 더 볼 것도 없는 거죠. 일을 잘하고 못하고의 문제를 넘어 거짓말을 했다고 인식하니까요. 어느 조직이든 거짓을 말하는 사람은 뽑으려 하지 않습니다. 그건 최악이니까요."

"솔직하게 적거나, 자기 말에 책임지도록 다시 공부하거나… 현실적이네요. 물론 전자가 더 중요하겠죠."

"그렇긴 하지만, 솔직하게 적었을 때 누가 봐도 매력이 없어 보인다면 그것도 곤란할 순 있겠죠. '공모전을 했는데 자료 조사만 맡아 전체적인 부분은 전혀 모릅니다'라던가, '인턴을 했는데 두 달 동안 커피만 타고 칼퇴근만 했습니다'라는 식의 이야기를 적을 순 없잖아요.

모든 사람이 어떤 활동에 주도성을 가지는 건 아니기 때문에, 가장 현실적인 답변은 '어느 정도 MSG를 치더라도 음식 맛이 완전히 상할 만큼은 치지 말고, 쳤다면 그 뒤에 거기에 대해 좀 더 확장된 공부를 반드시 해라' 정도가 되겠네요.

기억해야 해요. 역량 면접의 직무역량 질문은 이미 자기가 만들었어요. 자기가 만든 것에 자승자박하지 않도록 준비하는 과정은 면접 전에 반드시 필요합니다."

질문 지방 사립대는 취업이 힘들다고 보는가?

힘들다 90%

괜찮다 10%

질문 지방 사립대를 극복할 수 있는 방안이 있는가?

1위 [눈높이를 낮춰야 한다] 중견, 중소, 외국계 기업, 지역 거점 기업 21%

2위 [학벌을 극복할 수 있는 차별화된 무기 가지기] 제2외국어, 자격증 등 20%

3위 [직무를 빨리 결정하고 경험을 쌓아야 한다] 10%

4위 [인서울 학생들보다 두 배 이상 열심히 해야 한다] 8%

5위 [기본 스펙인 학점과 어학 성적이 높아야 한다] 6%

6위 [인턴십을 통한 정규직 전환] 5%

7위 [기타] 자소서, 정보력, 열린 공채, 특이 경험 등 30%

현실 기업에 대한 눈높이를 낮추는 대신, 기업에 대한 눈높이를 넓혀야죠.
현실적으로 지방 사립대는 정말 답이 없어요. 솔직히 채용해본 적도 많지 않고요.
인서울에 밀리고, 지역에서도 지방 국립대한테 밀리니까요. 그렇기 때문에 대기업
가기 힘든 현실을 빨리 인정해야 돼요. 지역 거점 기업에 입사해서 다음 라운드를
기약해야죠. 눈높이를 낮춰서 경력을 쌓는 것도 하나의 스펙이 되니까요. 막말로
인서울도 취업이 힘든 시장인데, 얘네가 답이 있겠어요?

해결책 자신만의 차별화된 무기를 가지거나, 직무에 대한 눈높이를 높여야죠. 지원하고자 하는 직무를 1~2학년 때부터 빨리 결정하고 전략적으로 집중해야죠. 직무에 특화된 역량을 쌓으면서 직무 관련 경험으로 인턴십이나 아르바이트도 해야죠. '이 친구 정말 실력이 좋은데'라는 느낌을 이력서에서 한 방에 받아야 해요. 학점, 어학, 자소서 잘 쓰는 건 기본이고요.

해결책 세무사나 노무사 같은 고급 자격증을 취득하거나, 제2외국어를 잘하거나, 자신만의 주특기가 있어야죠. 다른 친구들에게 밀린 12년을 극복하려면 남들보다 두 배 이상 노력해야죠.

합격 사례 롯데그룹 최초로 특채 입사한 지방 대학교 학생의 무기
롯데백화점에서 경남대학교 학생을 특채로 뽑은 적이 있어요. 어느 날 신문을 봤는데, 경남대 졸업생이 4년 동안 단 한 번의 결석도 없이 전 과목 A+ 학점을 받았다는 거예요. 그래서 부산까지 직접 내려가서 면접을 보고 바로 뽑았죠. 경남대가 전산으로 학적조회를 시행한 후 10년간 전 과목 A+ 학점이 처음이기도 하지만, 롯데그룹도 특채 형식으로 대졸 신입사원을 뽑기는 처음이었거든요. 이런 기적을 만들어준 것은 그 친구가 남들과 다른 성실함이라는 무기를 보여줬기 때문이죠.

30

꼬리에 꼬리를 무는
구조화 면접

"두 번째 질문을 드려볼까 합니다. 역량 면접에서 제가 받았던 또 다른 인상은 생각보다 인성과 태도를 묻는 질문들도 많았다는 겁니다. 특히나 인성과 태도 관련한 질문은 공통 질문이 많았고, 일문일답의 형태보다는 질문에 질문이 꼬리를 무는 형태가 많았다는 겁니다.

예를 들어, 지원자 세 명에게 공통 질문을 '상사의 요청과 집안일 중 무엇을 먼저 하겠는가?'라는 질문을 던진 후 지원자들의 답변에 따라 연결된 추가 질문이 진행되는 형태가 그것인데요. 이럴 경우 아무래도 말과 말이 이어지는 대화의 형태가 되다 보니, 처음 시작을 잘못하면 뒤에 말이 꼬이는구나를 느꼈습니다. 여기에 대한 효과적인 대응책은 무엇일까요?"

"그런 형태의 질문이 바로 '구조화 작업을 통한 질문'이에요. 마찬가지로 아주 중요한 부분이죠. 질문을 들을수록 모의 면접에 임했던 연비 씨의 태도가 눈에 보여 아주 좋네요.

맞아요. 역량 면접에서 꼭 들어가는 질문의 형태는 인성과 태도에 관련된 질문입니다. 직무역량뿐만 아니라 조직 적합성, 기업 로열티도 중요한 평가 기준이니까 면접을 통해 알아내려 하겠죠. 과거에는 그런 부분을 면접관 스스로가 기준이 되어 알아내려는 경우가 많았어요. 속된 말로 '면접관의 감'을 통해서 알아냈다는 거죠. 그럴 경우 문제점이

면접관의 질이 뽑는 인원의 질에 절대적인 영향을 미친다

는 거예요."

"'돼지 눈에는 돼지만 보인다'는 부처님 말과도 일맥상통하네요."

"하하, 재미있는 표현이네요. 맞아요. 사람은 자기와 비슷한 사람에게 호감을 느끼니까, 본인과 비슷한 사람에게 아무래도 가점을 주게 되는 거죠.

그래서 요즘 기업은 지원자의 역량만큼이나 면접관의 질을 높이기 위한 노력을 많이 해요. 큰 기업일수록 면접관 교육을 반드시 하죠. 실무진들을 무작정 면접에 투입시키는 것이 아니라, 면접관 교육을 진행하고, 이를 통과한 사람만 면접관으로 투입시키는 거죠.

이때의 기준도 갈수록 엄격해지는 추세예요. 가령 최근 3년의 고과평가가 A 이하인 사람은 교육 자격조차 주지 않는다든가, 면접관 통과 기준을 상향시킨다든가 하는 형태로 말이죠. 하지만 이 모든 과정을 사용한다 하더라도 모든 면접관의 질을 최대치로 동일하게

높이는 건 어렵죠. 그래서 등장한 것이 '구조화 작업을 통한 면접 구성'이에요."

"구조화 작업을 통한 면접 구성은 구체적으로 뭘 의미하죠?"

"질문 시나리오를 미리 구상하고, 해당 시나리오에 따라 질문을 진행하며, 거기에 대한 답변 역시 미리 정한 기준에 따라 가치를 측정하는 작업이죠. 쉽게 말해 '답정너'예요. **답은 이미 질문자가 정했고, 그 답에 얼마나 근사한 형태의 이야기를 하는가를** 보는 거죠.

이 방법이 가장 각광 받는 이유는, 어떤 면접자가 들어와도 거의 동일한 형태의 수치 측정이 가능하니 면접관의 주관이 최대한 배제된다는 데 있죠. 즉, 시나리오만 잘 짜놓으면 면접관의 질은 중요하지 않게 되는 겁니다."

"흔히들 면접을 준비할 때, 예상 질문 혹은 기출 질문을 공부하는 것이 바로 이 구조화 면접을 대비하기 위해서군요? 짜여진 시나리오가 있다면 그 시나리오를 최대한 많이 파악할수록 대응에 용이해지니까요."

"분명 맞는 말이지만, 전 사실 거기에 조금 회의적이에요. 마치 시험 범위가 지나치게 넓은 과목을 단기간에 공부하는 것이 과연 가능한가에 대한 회의감과 비슷해요. 기업이 한두 가지의 질문을 돌려쓰진 않으니까, 너무나 광범위한 질문들을 모두 다 예상하고 공부하는 건 아무래도 한계가 있죠. 더군다나 과거의 질문을 쓰는 경우도 있겠지만, 질문이야 늘 만들어낼 수 있는 거니까요.

과거에 출제되었던 문제들을 다시 답습하는 것보다, 저는 오히려 **출제자의 의도를 파악하는 데 주력하라**는 이야기를 하고 싶어요. 수학 문제로 따지자면 한두 문제의 풀이법을 외우는 것보다 원리를 공부하는 것이 낫다는 소리죠. 어떤 질문이든 공통된 정답은 없어요. 모든 기업은 제각기 원하는 인재상이 분명히 존재해요. 그 인재상에 따라 같은 질문이라도 정답은 달라지는 거죠."

"정답이 없기에 기업에 따라 답도 달라진다… 흥미롭네요. 조금 구체적으로 알 수 있을까요?"

"예전에 이런 질문을 한 기업이 있었어요. '동양 사태가 났을 때 전 재산을 잃은 할머니가 객장에 와서 난리를 피우고 있다. 점장이 자리를 비우고 당신 혼자 있다면 어떻게 하겠는가?' 이 문제 역시 기출 문제로 인터넷에 돌아다녔고, 많은 지원자들이 답변을 인터넷에서 본대로 했어요. '조용한 곳으로 데리고 가서 진정을 시킨다', '그 상황을 다른 소비자들이 알지 못하게 최대한 빨리 수습한다' 등등. 한마디로 다른 사람 눈에 띄기 전에 할머니를 치운다는 건데, 그 기업이 그런 답변을 듣고 했던 추가 질문은 '왜 아무도 그 할머니를 위해 함께 울어줄 생각은 하지 않았나요?'였어요. 그 기업의 인재상과 기업 가치는 인간 중심이었거든요. 기업 광고 슬로건 역시 '사람이 미래다'였지요. 맞아요. 두산이었죠. 만약 그 기업이 삼성이었다면 모범 답변이 통했을지 모르죠. 문제해결과 성과를 중시하는 기업이니까요."

"결국, 답안지가 유동적이니 답지를 외우는 것이 아니라 출제자의 성향, 즉 기업의 성향을 파악하는 것이 더 중요하겠군요."

"바로 그거예요. 질문을 외우는 것이 아니라, 어떤 질문이든 이 기업이 답으로 설정한 핵심 가치와 방향은 무엇인가에 대한 고민, 이거죠. 이것 하나만 확실하게 인지하고 거기에 충분한 공감을 가지고 면접에 임한다면 어떤 질문이 나오든 그 기업이 정답이라 생각하는 방향에 맞는 답변을 할 수 있겠죠."

"결국 최고의 면접 준비는 우선 그 기업의 성향과 가치관을 먼저 이해해 답변의 방향을 정하고, 그 후 시간이 허락된다면 자주 나온 기출 질문들을 훑어보는 형식이겠군요. 익숙화 작업도 역시 중요할 테니까요. 성향과 가치관을 완전히 파악했다고 하더라도 면접 질문 자체가 생소하면 그것 역시 문제일 테니까요."

"훌륭한 요약이에요. 기껏해야 일주일, 서류 통과 후 면접까지 주어지는 시간이에요. 짧은 시간 안에 준비를 해야 한다면 효율성을 생각해야 하고, 연비 씨가 정리한 내용이 가장 효율적인 거죠."

"알겠습니다. 이번엔 조금 세부적인 질문들을 해볼까 합니다."

❁ 31
기억되는 게 중요한 게 아니라,
'긍적적'으로 기억되는 것이 중요하다

"구체적인 질문을 드려볼게요. 면접에서 꽤나 곤란했던 부분이 1분 자기소개였어요. 미리 준비해서 가긴 했지만, 뭐가 정답인지 잘 모르겠어요. 누구는 수많은 사람들 중 기억되어야 하니까 튀어야 한다고 말하고, 또 누구는 너무 튀면 안 좋게 보니까 무난하게 가는 것이 좋다고 하는데, 1분 자기소개에도 정답이 있나요?"

"우선, 대부분의 기업들이 1분 자기소개를 시키기 때문에 꼭 준비를 해야 합니다. 왜냐하면 자기소개는 면접관이 질문하기 전에 유일하게 자기 스스로 답변할 수 있는 부분이니까요. 그걸 통해서 기억시켜야 한다는 부분까지 동의는 하는데, 정작 더 중요한 걸 빼먹었네요.

기억시키느냐가 아니라 어떻게 기억시킬 것인가

좀 더 구체적으로 면접관은 어떤 사람을 기억하고 싶어 하는가에 대한 고민입니다.

면접은 소개팅이 아니에요. 면접관이 기억하고 싶은 사람은 '직무를 이해하고 조직생활을 잘할 수 있는, 회사에 쓸 만한 사람'을 원한다는 거예요. 자기소개의 목표를 그 소개를 듣는 사람의 목적에 부합하게 이야기해야 한다는 거죠.

예전에 한 지원자의 이름이 '이정이'였는데, 이 친구가 이렇게 자기소개를 하더라고요. '앞으로 해도 이정이, 뒤로 해도 이정이. 이처럼 앞뒤가 똑같은 인재로서 회사생활에 임하겠습니다'라고요. 이름 덕분에 귀에 쏙쏙 들어오는 자기소개였어요. 제가 아직까지 기억하는 걸 보면. 그런데 과연 점수를 좋게 줬을까요? 자신이 지원한 직무나 협업역량과 아무 관련이 없는 이야기잖아요. 그 친구는 정말 소중한 1분이란 시간을 그렇게 날린 거죠.

소개팅으로 치면 자기소개는 첫인상 같은 건데, 거기서 좋은 평가를 받지 못하면 나머지 면접에서도 좋은 점수를 받기 어렵기 마련이죠."

"기억시키느냐 보다 어떻게 기억시킬 것인가에 대한 고민이라, 맞는 말이네요."

"직무와 아무 관련이 없는 춤을 출 수도, 노래를 부를 수도 있겠죠. 하지만 그것들이 괜찮기 위해서는 춤과 노래를 얼마나 잘 부르냐가 아니라, 그걸 왜 했는지, 거기에 담긴 의미 해석을 만들어 이 회사와 직무에 잘 맞는 사람임을 어떻게 어필할 것인지 고민하는 게 더 중요하다는 거죠.

　예전에 후배 면접관이 이런 이야기를 해주더라고요. 한 지원자가 자기소개를 하라고 했더니 자신을 구두약에 비유했다는 거예요. '구두를 닦고 나면 아무리 조심해도 검은 구두약이 자꾸 손에 묻어 지우는 데 애를 먹습니다. 하지만 구두약이 있어야 반짝거리는 구두가 나올 수 있는 것처럼, 살면서 그런 구두약의 역할을 주로 해왔습니다. 총무 분야도 마찬가지인 것 같습니다. 스스로 빛나기보다, 임직원들이 원활히 업무를 수행할 수 있도록 보이지 않는 곳에서 지원을 해야 하는 부서, 그래서 빛나는 구두보다는 구두약의 역할을 해야 하는 부서, 그 부서에 어울리는 구두약이 되고 싶습니다'라고 이야기를 했대요. 와 닿더라는 거예요. 그 지원자는 자기 역량과 회사 직무의 특성을 자기소개에 아주 잘 녹였다고 생각해요. 이런 게 정말 좋은 자기소개겠죠."

　"어떤 비유로 소개하느냐 이전에, 무엇을 소개할 것인가에 대한 고민이 필요하다는 걸 잘 알려주는 예인 것 같네요. 잘 알겠습니다. 다른 질문을 한번 해볼게요. 돌직구 같은 질문이에요. 외모가 면접의 당락에 영향을 끼치나요?"

　"하하, 그럼 전 돌직구로 대답할게요. 끼칩니다. 사람이기 때문에 어쩔 수 없어요. 본능적으로 수려한 외모에 관심이 가니까요. 같은 값이면 다홍치마라고, 같은 역량과 가능성을 보유했다면 외모가 훌륭한 쪽에 관심이 더 가겠죠. 면접관들은 아니라고 하지만 그건 인간의 본능이 만들어내는 어쩔 수 없는 부분인 것 같아요. 괜히 '외모도 스펙이다'라는 말이 나오는 게 아니거든요.

하지만 그 외모가 반드시 예쁘고 잘생김을 의미하는 것은 아닙니다. 선보는 자리는 아니니까요. 연예인을 뽑는 자리는 더더욱 아니고요. 저 사람은 인상이 좋다, 신뢰가 간다는 외모는 잘생기고 못생기고의 단순한 영역은 아닐 거예요. 그럼, 사람은 어떤 사람을 신뢰할까요?"

"어떤 사람이죠?"

"**스스로를 믿는 사람**이에요. 자신을 믿지 못하는 사람은 절대 누군가에게 믿음을 얻을 수 없죠. 면접 자리에서 판단하는 외모란, 이성간의 판단 기준이 아닌, 이 기준이 더 중요하게 작용한다고 생각해요. 스스로를 믿는 사람은 말과 행동에서 빛이 나게 마련이니까요. 그러니 외모란 스펙을 갖추기 위해 성형이란 외적 시술보다는 자기 자신에 대한 신뢰라는 내적 시술이 우선 필요한 것이 아닐까요?"

"스스로를 신뢰하기 위한 내적 시술이라… 여러 생각을 하게 만드는 답변이네요. 알겠습니다. 마지막으로 이걸 묻고 싶어요. 지금까지 말씀하신 것들 외에 면접관이 사람을 선별하는 기준이 있다면 그게 무엇이라 생각하시나요?"

"두 가지 예로 답변할게요. 마케팅 직무에 지원한 지원자가 자기소개를 물과 자신을 비유한 형태로 했어요. '세상엔 수백 가지 종류의 마실 거리가 있지만 사람들은 목이 마를 때 늘 물을 찾습니다. 물은 그래서 마실 거리가 아니라 목마름을 해결해주는 존재로 포지셔 닝되어 있습니다. 마케팅이란 것도 그런 거 같습니다. 브랜드의 목 마름을 해결해주는 존재가 마케팅입니다. 저 역시 마케팅의 목마름을 해결해주는 물과 같은 존재가 되고 싶습니다'라며 자기소개를 했죠. 제법 괜찮은 소개였지만, 그 사람의 합격에 확신을 준 건 마지막 말이었어요. 면접이 끝난 후 마지막으로 할 말이 있냐는 질문에 그 사람은 잠깐 망설이다 이렇게 이야기를 했어요.

'처음에 물을 이용하여 저를 소개해드렸습니다. 하지만, 솔직히 지금 누구보다 목이 마른 것은 저입니다. 마케팅을 위해 달려왔고, 그 길을 훌륭히 걸어갈 자신도 있는 저는 지금 누구보다 목이 마릅니다. 제 갈증을 해결해줄 수 있는 물과 같은 회사는 지금 이 회사입니다. 그래서 제 마지막 말을 부탁으로 마치려고 합니다. 제 목마름을 해결해달라는 부탁을 드리겠습니다. 저는 그럴 가치가 있는 존재란 확신이 있습니다. 제 목마름을 해결해주신다면 언젠간, 이 회사가 보다 나은 발전을 위해 목이 말라할 때, 그 갈증을 해결해주는 물과 같은 존재가 되어 회사에 반드시 보답하겠습니다'라고요."

"… 마지막 말이 참 와 닿네요."

"두 번째 예는 상사에 지원한 여성 지원자였어요. 상사는 여자를 잘 뽑지도 않을뿐더러 이 여성이 지원한 나라는 중동이었어요. 전통적으로 남존여비사상이 아직 뿌리 깊게 남아 있는 지역이죠. 이 여성은 심지어 이력서의 사진을 히잡을 쓰고 찍었어요. 면접 자리에서

이 여성은 자신이 공부한 중동에 대한 보고서 한 편, 지원한 회사가 지금까지 진행해왔던 중동 관련 모든 사업 분야의 분석 및 지향점에 대한 보고서 한 편, 마지막으로 자신이 지금까지 만났던 중동사람들 100명이 간단하게 적은 이 여성의 추천 메시지 한 편을 제출했어요.

이 두 가지 사례에 나와 있는 지원자들의 공통된 태도가 면접관들이 합격의 손을 들게 만드는 기준이라 생각해요. 바로 간절함과 진심이죠. 지원한 회사, 지원한 직무에 대한 간절함. 그리고 그 일을 하고 싶어 하는 진심. 아무리 기준화하고 점수화한다고 해도 결국은 사람이니까, 그 마음을 움직이게 만드는 건 이것들이 아닐까요?”

“조금 숙연해지기까지 하네요.”

“결국 정리하면 이런 내용이겠네요. 기억되려 노력하되, 기억이란 결과보다 ‘어떻게’라는 과정을 좀 더 깊게 고민하고 설계할 것. 이 정도가 되겠네요.”

“네, 알겠습니다. 마지막 질문이라고 했지만 답변을 듣고 나니 한 가지 더 묻고 싶은 게 생겼습니다. 간절함과 진심이 중요한 기준이라면 반대도 있지 않을까란 생각이 들었어요. 역량 면접에서 이런 것만은 피하라는 게 있다면 어떤 것일까요?”

“음… **A를 물어보면 A를 대답하는 것**이요. 이게 진짜 안 되거든요. 그게 커뮤니케이션의 시작이잖아요. 면접관이 A를 물어보는데 A를 대답 안 한다는 얘기는, A를 말할 때 이 사람이 제대로 안 들었다는 얘기예요. 즉, 동문서답 하지 말라는 거죠. 면접관들이 가장 답답해하는 부분이자, 크게 마이너스가 되는 부분이에요. 하지만 실제로 많은 지원자들이 하는 실수고요.

긴장을 많이 했을 테니까 그럴 수 있다고 생각은 하지만, 동문서답은 그 자체로 묻는 말을 제대로 파악하지 못했다는 걸 의미할 뿐만 아니라, 그 사람에 대한 호감도를 낮추는 결정적 역할을 하니까요.

면접에서 답변을 못 하는 질문을 받는 것은 피할 수 없다 하더라도, 제대로 듣지 못한 모습은 어떻게든 피해야 합니다. 그건 최악이거든요."

"잘 알겠습니다. 역량 면접에 대한 인터뷰는 이 정도면 충분한 것 같습니다. 잠깐 정리하는 시간을 가진 후 그 외의 면접들에 대해 질문드리도록 하겠습니다."

"하하, 그거 알아요?"

"네?"

"우리가 이야기를 시작하고 처음으로 연비 씨가 주도해서 다음 방향을 정하고 있네요."

"그런가요? 무례해 보이진 않는 거겠죠?"

"무슨 소리예요, 아주 좋아요. 오늘 미션인 인터뷰 형태를 충실히 이행하고 있다는 증거인 걸요. 내용 정리가 다 끝나면 다음 질문을 받을게요."

"네, 알겠습니다."

장선생의 말에 약간 민망해진 연비는 그 민망함을 덮으려는 듯 서둘러 노트를 꺼내 열심히 무언가를 적는다.

면접의 법칙

스물하나, 면접평가표는 직무역량과 협업역량, 그리고 인재상이다.

스물둘, 자소서에 얼마나 당당한지가 곧 역량 면접의 질을 만든다.

스물셋, 구조화 면접은 사례를 외우는 것이 아니라 구조화 자체를 이해하는 데 중점을 둬야 한다.

스물넷, 진심과 간절함, 결국 사람을 움직일 수 있는 사람이 뽑힌다.

질문 면접 때 포트폴리오 같이 특별한 걸 제출하면 면접관은 좋아하는가?

제출하면 좋다　　　　　　　　95%
제출하면 좋지 않다　　　　　　5%

답변 나쁘게 볼 이유가 없잖아요.

포트폴리오를 제출하면 예쁘게 보죠. 직무와 전혀 관련이 없거나 단순한 페이지의 나열 같은 자료라면 오히려 점수를 낮게 줄 수도 있지만, 어느 정도 괜찮은 내용이라면 적극성이란 부분에서 확실히 플러스가 있어요.

수준이 비슷한 지원자 중에 한 놈만 고른다면 우리 회사에 입사하기 위해 준비를 많이 한 열정적인 친구를 뽑겠죠. 무엇보다 포트폴리오를 제출하면 질문이 어디서 나오겠어요? 그 자료잖아요. 내가 아는 거에 대해서 질문을 받는 게 얼마나 큰 건데요.

튀는 행동이라서 위험하지 않을까요? 튀는데, 튀지 않아야 되는 거죠.

면접장에서 명함을 주거나 노래하는 사람도 있는데, 그런 단순한 쇼맨십은 위험할 수 있어요. 면접관 중에서 튀는 걸 좋아하는 분은 많지 않거든요. 하지만 내가 이 회사와 직무를 위해 얼마나 열심히 준비했는지 보여주는 자료라면 튀는 게 아니라 적극적인 거죠. 그건 우리도 보고 싶은 자료니까요.

다만, 그 자료를 전달할 때 면접관이 당황하지 않게 예의를 갖추어야겠죠. 예의와 정중함을 갖춘 상태에서 적극적이면 싫어할 사람이 누가 있겠어요?

합격 사례 우린 하지 말라고 한 적이 없어요.

가방을 가지고 면접장에 들어온 친구가 있었어요. 궁금해서 물어봤죠. "자네 가방에 있는 게 뭔가?" 가방에서 뭘 꺼내는데 우리 회사에 들어오기 위해서 준비한 자료들과 신문 스크랩으로 가득한 포트폴리오더라고요. 그러면서 "제가 이 일이 너무 하고 싶은데, 짧은 면접 시간에 그 마음을 다 전하지 못할 거 같아 가지고 왔습니다"라고 말하는 거예요. 그걸 보고 물어보는데, 이 친구가 정말 우리 회사와 그 일에 대해서 잘 알고 있는 거죠. 이미 대부분의 면접 평가가 끝난 상태에서 이 친구는 떨어지는 점수였거든요. 옆에 있는 고려대, 한양대 중 누구를 뽑을까 고민하고 있었는데 점수를 바로 수정했죠. 나머지 애들은 볼 필요도 없는 거죠. 학생들은 그걸 알아야 해요. 우리가 면접장에 포트폴리오를 가져오지 말라고 한 적이 없어요. 학생들이 알아서 안 가지고 온 거지.

CHAPTER 6

PT/토론/임원 면접은
'말할 수 있는가', '들을 수 있는가',
'괜찮은 사람인가'를 평가한다

지방 대학교를 나와서 무역회사를 꿈꾸는 친구였어요.

무역영어 1급 자격증도 취득하고 무역용어와 관세도 알고,

심지어 무역에 관한 복잡한 서류를 완벽하게 작성할 수 있는 거예요.

방학 때마다 무역회사에서 아르바이트를 한 경력만 2년 이상이었는데,

그때 공부한 걸 가지고 면접 때 보여주더라고요.

면접관이 이런 사람 보면 어떻겠어요?

"붙여만 주시면 열심히 일하겠습니다, 뼈를 묻겠습니다"

말하는 친구들이 많은데 그런 거는 필요 없는 거죠.

사실, 면접장에 들어오기 전에

지원자들은 이미 대학시절 동안 면접을 받고 있는 거예요.

_S기업 인사담당자

❄ 32

아는 것과 설명하는 것은 다르다

"PT 면접을 보고 제일 궁금했던 것은 해당 면접의 방점을 어디로 찍어야 하는가였습니다. 당연히 주제를 확실하게 이해하고, 깔끔한 디자인으로 PT를 구성하고, 훌륭한 스피치로 발표하는 것이 가장 이상적이겠지만, 현장에서 주제를 제시받고 준비할 수 있는 시간이 짧았기 때문에 이 모든 걸 다 해내기엔 한계가 있었습니다.

지금까지의 과정을 돌이켜보면 PT 면접을 잘하는 방법도 결국 채용담당자의 시점을 파악하는 게 아닐까라는 생각도 들었습니다. PT 면접에서 채용담당자는 무엇을 보려고 하는 거죠?"

"보통 PT 면접의 주제는 직무와 관련된 것들이 제시되죠. 여기서 직무에 대한 깊이를 보겠죠. 또한 PT를 구성하고 이야기를 전달하는 걸 보면서 논리성을 볼 것이고요. 해결책을 제시해야 한다면, 제시된 해결책이 얼마나 창의적인가를 보겠죠. 마지막으로 그 모든 것들을 얼마나 훌륭하게 전달하느냐를 볼 것이고요."

"생각보다 굉장히 다양한 것들을 보는군요."

"하하, 그렇긴 해요. 분명 제가 말한 것들을 모두 봅니다. 하지만 모두 준비할 수 있을까요? 짧은 준비시간 내에?"

"아무래도 힘들겠죠."

"맞아요. 그 말은 다르게 이야기하면 PT 면접에서 보는 것들은 단기간에 준비할 수 있는 것과 준비할 수 없는 것으로 나뉜다는 거예요. 직무에 대한 깊이는 전공과목 성취도와 연관이 있는데, 대부분이 학사 출신이기에 그 깊이는 깊지 않을 거예요. 논리성과 창의성은 하루아침에 준비한다고 되는 것들이 아니고요. 이 말은 대부분의 지원자들은 위의 항목들에 대해선 대동소이한 평가를 받는다는 거예요."

"그럼 무엇을 통해 변별력을 두죠?"

"바로 그 변별력을 주는 부분이, 준비할 수 있는 영역에 속해 있는 역량이라 생각하면 돼요. '획득한 정보를 얼마나 효과적으로 전달하는가', 즉 전달력입니다. PT 면접을 통해서 다양한 역량을 파악하려 하지만, 결국 변별할 수 있는 제1기준을 뽑으라면 전달력이에요.

결국 PT 면접은 내게 주어진 내용을 얼마나 잘 전달할 수 있느냐를 보는 면접이라고 정의내릴 수 있겠죠. 대학 다닐 때 그런 교수님이 한 분씩은 계시지 않나요? 전공에 대한 깊이와 업적도 훌륭하시지만, 이상하게 강의는 못하는 교수님이요. 그걸 보면 쉽게 이해가 되죠.

는 것을요.”

“이 전달력 역시 기업이 개인에게 기대하는 ‘직무역량’과 연관이 있을 텐데요. 구체적으로 어떤 연관이 있나요?”

“혼자 하는 일이 아니니까요. 그 말은, 직무 수행을 할 때 같은 부서 내에서도 커뮤니케이션해야 할 일이 많지만, 같은 부서는 아니더라도 직무와 관련이 있는 타 부서, 즉 유관부서와의 커뮤니케이션도 많다는 의미입니다. 유관부서와 어떤 프로젝트를 협의하는 데 본인 부서에서 진행하고 있는 사항을 유관부서에 명확하게 전달해야 일의 효율이 나오니까요.”

“그렇군요. 그럼, 이런 전달력을 높이기 위해서는 어떤 연습을 해야 하나요? 그러니까, PT 면접을 잘 보기 위해선 어떤 준비가 필요한 거죠?”

“**나누기와 뽑기**, 이 두 가지를 잘해야 합니다. 직무를 수행할 때 잘 전달한다는 것의 목표는 상대방의 시간을 절약시켜준다는 의미거든요. 우리가 진행한 현재 상황에 대해 이를 잘 알지 못하는 사람이 최소한의 시간을 투자해 최대한의 이해를 끌어올리는 것, 그래서 그 사람이 원활히 참여하기까지 투자해야 하는 시간을 절약시켜주는 것, 이게 핵심이죠.

그걸 잘하기 위해서는 먼저 스스로가 전체의 맥락을 파악해야 하고, 그 후 그 맥락에서 요구하는 핵심 메시지를 잘 선정해야 합니다. 전자의 영역이 나누기라면 후자의 영역은 뽑기인 셈이죠. 나누기는 제시된 자료를 최대한 자기에게 익숙한 방향으로 구역화(categorizing)시키는 작업이에요. 많아 보이는 자료도 구역화를 잘 시키면 쉽게 내용 이해가 되니까요.

가령, '중국시장 진출 상황과 향후 전략'이란 주제를 받고 관련 자료를 받았다면, 그 자료들을 최대한 빨리 쪼개고 나누어야 해요. 본인이 가장 이해하기 편한 형태로요. 지금까지의 진출 상황, 상황에 대한 결과, 결과에 대한 시사점, 향후 진출 방향 정리, 각 방향에 대한 평가, 최종 의견, 이런 식으로요.

이렇게 나누면 자연스럽게 무엇을 뽑을 건지가 보이게 됩니다. 중국시장 진출 전략이 A, B, C 이렇게 세 가지가 있다면 지금까지의 상황과 성과에 비추어봤을 때, B의 방향에 기존 실행의 한계점을 극복하기 위한 극복안을 합치는 것이 가장 이상적이겠다, 뭐 이런 식으로요.

PT 면접에서 낮은 점수를 받는 친구들은 주어진 주제와 내용을 어떻게든 모두 전달하려고 합니다. 그럼 면접관은 당연히 이런 생각을 하겠죠. '그래서 도대체 네가 말하고자 하는 핵심이 뭔데?' 면접관의 입장에서 그런 PT를 보면, 그냥 내가 자료를 다 읽어보는 것과 별 차이가 없다고 생각하게 되는 거죠.

그렇게 생각하는 이유는 자료를 자기 것으로 만들어 전달하려는 노력을 하지 않았기 때문이에요. 자료를 자료로써 읽었을 뿐인 거죠. 나누기와 뽑기를 통한 자기화가 되지 않은 겁니다."

"나누기와 뽑기라, 알겠습니다. 먼저 나누기에 대해 좀 더 물어볼게요. 잘 나누기 위해서는 어떤 연습을 해야 하는 거죠?"

"자기만의 틀을 어느 정도 갖추는 것이 필요해요. PT 면접에서 제시되는 주제는 분명 종류가 한정되어 있거든요. 특히 직무 중심이기에 자신이 지원한 직무에 나올 법한 상황들이 제시되겠죠. 발표 방향 역시 자료의 요약과 설명이거나 제안일 거고요. 많아 봐야 대여섯 가지 카테고리라는 거예요.

각 카테고리별로 자기가 나누는 방식과 틀을 어느 정도 구성하고, 여기에 익숙해지는 연습을 하는 게 필요해요. 일단 두세 종류의 칼을 쓰는 법을 연습하다 보면 어떤 식재료가 나와도 거기에 맞게 자를 수 있게 되듯이요."

"이해하기 좋은 예네요. 식재료와 칼이라, 그럼 뽑기는 어떤가요? 어떻게 해야 잘 뽑을 수 있게 되죠?"

"뽑는 것의 핵심은 '명확한 근거를 제시할 수 있는가'예요. 뽑는다는 것은 결국 주장한다는 의미죠. 모든 주장의 정답과 오답은 주장 자체로 정해지는 게 아니에요. 그 주장에 대한 근거가 얼마나 확실하냐로 정해지는 것이죠.

주제에 대해 내가 주장하는 바를 정할 때는 그래서 근거를 먼저 생각해봐야 해요. 내 주장을 얼마나 강력하게 말할 것인가가 아니라, 그 주장을 뒷받침할 근거를 얼마나 튼튼하게 가져갈 것인가가 핵심인 거죠. 주제와 관련된 자료를 검토하면서 근거로 쓰일 만한 것들을 먼저 찾고, 그중 확실한 근거를 중심으로 뽑기를 하는 거죠. 즉, 판단과 직관에 의해 주장을 정하는 것이 아니라, 이유와 증거에 의해 주장을 정하는 연습을 하는 게 중요해요.”

“‘정답은 판단과 직관이 아니라 근거에 의해 만들어진다’라. 좋은 말이네요. 잘 알겠습니다. 마지막으로 PT 면접을 진행할 때 명심해야 할 자세라던가 마음가짐 같은 것들이 있나요?”

“유명한 복서가 그런 이야기를 했어요. ‘링 위에서 복서가 마지막으로 믿어야 하는 것은 수많은 연습으로 만들어진 본능과도 같은 버릇들이다.’ PT 면접, 막상 해보면 누구나 당황해요. 주제에 당황할 것이고, 준비하는 시간의 압박에 당황할 거예요. 그러다 보면 누구나 실수를 하게 마련이죠. 그걸 피하기는 힘들어요.

중요한 건 그런 상황에 대처하는 자세인 거죠. 준비하는 과정에서 자기가 익힌 틀과 과정을 믿으세요. 최대한 그 틀에 맞춰서 나누고, 자기가 발견할 수 있는 근거를 찾아 결론을 만드세요. 그리고 발표를 하는 순간에는 무엇보다 ‘내가 말하는 것이 맞다’는 자기암시가 필요해요. 그게 당당함을 만들고, 그게 자신감을 만들며, 그런 당당함과 자신감이 전달력에도 영향을 미치니까요.”

“결국 PT 면접에서 보는 전달력을 높이기 위해선 이런 것들이 필요하다고 요약할 수 있겠네요.”

나누기에 익숙한 손

근거를 발견하는 눈

당황을 극복하는 담대한 마음

"요약하는 능력이 나보다 훌륭한 것 같은 걸요? 맞아요. 그런 셈이죠."

"과찬이십니다. PT 면접은 이 정도면 충분히 알 것 같습니다. 이번엔 토론 면접에 대해 물어볼게요."

칭찬이 부끄러운 듯, 연비는 재빨리 다음 인터뷰를 진행했다.

· **질문** 면접에서 가장 중요한 것은?

1위 [직무] 직무 관련 경험 및 경쟁력 어필	27%
2위 [기업] 회사에 대한 이해, 입사 의지, 인재상	21%
3위 [인성] 성실성, 책임감 등	9%
4위 [언변] 핵심을 두괄식으로 어필, 질문에 대한 대답	8%
5위 [태도] 자신감과 적극적인 자세	7%
6위 [자기소개서]	6%
7위 [기타] 이미지, 솔직함, 경험, 경청 등	22%

답변 어느 기업에 지원했느냐, 어떤 직무에 지원했느냐?

마케팅 직무에 사람들이 지원을 했어요. 우리가 뭘 봐요? 나이스한 사람? 착한 사람? 마케팅에 필요한 감각과 역량이 있는지를 보겠죠. 답은 뻔하잖아요. 영업에 지원하는 친구가 "저는 성격이 차분하고 하루에 3시간씩 앉아서 책을 봅니다"라고 하면 말이 안 되잖아요. 그 직무와 회사에 맞춰서 이야기를 해야죠. 결국, 직무에 대한 역량과 우리 기업 입사에 대한 절실함이죠.

해결책 면접은 구술고사이기 때문에 말 잘하는 사람들에게 호감이 갈 수밖에요. 정말 역량이 뛰어나고 우리 회사에 딱 맞는 인재라도, 표현을 못 하면 우리가 그 사람을 알아볼 수가 없잖아요. 그런 친구들이 많이 떨어져서 안타깝죠. 내면에 강점이 있다고 해도, 면접은 그 내면을 보기에 시간이 부족하니까요. 스터디 같은 걸로 많이 준비해야 하는 거 같아요.

해결책 열심히 준비하되 떨어져도 다른 곳에 갈 수 있다는 자신감 정돈 있어야죠. 자신감을 가졌으면 좋겠어요. 면접을 보면 우리가 그 친구 면접을 보는 거지만, 그 친구도 우리 회사 면접을 보는 거잖아요. 내가 이 회사를 평가하러 왔다고 생각하면 마음이 편해질 거 같아요.

합격 사례 모든 것을 뛰어 넘는 것은 결국 진심

한 지원자가 말을 너무 못해서 낮은 점수를 받았는데, 마지막에 이런 얘기를 하더라고요. "대림산업에 입사를 하고 싶어서 열심히 노력했는데, 그걸 다 보여주지 못해서 아쉽다. 이 진심을 보여줄 수 있다면, 마음을 꺼내서라도 보여주고 싶다." 면접이 끝난 뒤에도 계속 기억에 남는 말이거든요. 결국 합격했어요. 신입사원 환영회 때 이 친구가 면접을 잘 보지 못했음에도 불구하고 합격을 해서 그런지 좀 부끄러워하더라고요. 그때 얘기해줬죠. "대림산업에 입사해서 정말 꿈을 펼치고 싶다는 진심을 잘 보여줬으니까 우리가 그걸 산 거다. 스스로를 자랑스럽게 여겨도 된다"라고요.

면접관은 토론장에서
당신의 회의 모습을 예상한다

"다음은 토론 면접인데요. 토론 면접을 하면서 제일 궁금했던 건, 도대체 이 토론의 어떤 점을 면접관이 평가하는가였어요. 주제와 방식만 고지하고선 끝날 때까지 면접관이 관여하지 않으니까요. 무엇을 보는 거죠?"

"그 질문에 대답하기 위해 다른 식으로 물어볼게요. 토론 면접이니 당연히 토론을 잘해야 유리한 점수를 받겠죠. 그럼 토론을 잘한다는 게 어떤 거라 생각하나요?"

"자신의 주장을 논리에 맞게 잘 펼치는 것, 상대의 주장을 훌륭하게 반박하는 것 따위가 아닐까요?"

"맞아요. 토론이란 논리와 논리가 서로 부딪치는 싸움을 의미하니까. 원래의 경우 토론은 그 의미가 맞죠. 하지만 면접에서 쓰이는 토론은 달라요. 면접에서 토론이란 자신의 주장을 잘 말하는 것이 아니라, 상대방의 주장을 잘 이해하는 것이에요."

"어째서죠?"

"토론 면접은 토론 대회가 아니기 때문이에요. 목적이 다른 거죠. 토론 면접에서 보고자 하는 것은 지원자가 얼마나 토론을 잘하는가가 아니에요. 토론 면접에서 면접관은 **지원자가 회의할 때의 자세와 태도를 유추해요.** 토론할 때의 모습으로 이 사람이 입사할 경우, 조직환경에서 어떤 자세로 팀원들과 커뮤니케이션하는가를 예상하는 거죠. 성과 가능성 측면으로 분류하자면 조직 적합도를 본다고 할 수 있어요."

"아, 그런 거군요."

"그렇게 생각하니 이해가 빠르게 되죠? 지원자는 합격할 경우 신입사원으로 들어가요. 회사가 회의에서 신입에게 가장 바라는 것은 어떤 모습일까요? 자기 주장을 강력한 논리로 무장시켜 좌중을 압도하는 퍼포먼스와 발언력으로 회의를 주도하는 모습일까요? 그렇지 않겠죠. 그렇게 할 수도 없을 거구요.

회사가 기대하는 모습은 신입사원의 위치에 맞게 잘 경청하면서 빨리 이해하고, 회의 흐름이 제대로 흘러가게 서포트하고, 회의가 끝나고 난 뒤에 핵심 내용을 일괄적으로 요약해 회의에 참석한 사람들이 좀 더 이해하기 편하게 도와주는 역할을 기대할 거예요. 토론 면접을 통해 그런 태도를 확인하고 싶어 한다는 건, 다시 말해 토론 면접에서 기대하는 모습 또한 그런 모습이길 바라는 거죠."

"잘 이해하는 쪽이 이긴다는 말은 그런 뜻이었군요."

"그렇죠. 때문에 토론 면접에서 지원자가 어필해야 하는 부분은

'저 이렇게 논리를 잘 세우고 주장을 잘하며 토론을 잘 이끌어갑니다'가 아니라, '저 이렇게 상대방의 의견을 잘 들어주고 부드러운 자세로 융합을 잘합니다. 이런 저와 회의하고 싶지 않으신가요?'가 되는 거죠.

결국 토론은 팀워크을 보는 겁니다. 상대를 싸워야 하는 대상자로 보는 것이 아니라 함께하는 동반자로 보고 토론에 임할 때 좋은 평가를 받을 수 있어요. 물론 가장 이상적인 토론은 자신의 주장을 확실하게 하면서 상대방의 말 또한 경청하는 자세겠죠. 하지만 토론 문화에 익숙하지 않은 대한민국에서 20년 이상 주입식 교육을 받고 자란 사람이 훌륭한 토론 자세를 겸비하는 건 사실상 불가능에 가깝습니다. 주장에 중점을 주다 보면 강한 어조가 생기고, 이기려고 하는 투쟁심이 생길 수밖에 없어요. 자연스럽게 상대방의 주장을 반박하려 하게 되고, 그 과정에서 강압적인 태도나 공격성이 생길 수밖에 없죠. 그런 사람이 최악의 평가를 받아요. 누구도 그런 사람을 신입사원으로 데리고 회의를 하고 싶어 하진 않을 테니까요."

"그럼, 좋은 평가를 받기 위한 특별한 연습이나 요령이 있나요?"

"영어에서 '듣다'란 의미를 가진 단어는 'hear'와 'listen'이 있죠. 이 두 단어의 차이는 hear는 동물과 사람 모두에게 쓰지만, listen은 사람에게만 쓸 수 있다는 거예요. listen을 한국어로 번역하면 '경청하다' 정도인데, 쉽게 말해 토론은 무의식적으로 듣는 hear가 아니라, 상대방에게 집중을 해 의식해서 듣는 listen을 해야 한다는 거죠.

단기간에 되지 않기 때문에 훈련과 교육 과정이 필요하고요. 하지만 면접에서 경청하는 듯한 태도를 어필하는 방법은 있어요."

"그 방법이 무엇이죠?"

"반복과 살 붙이기예요. 첨언하기라고도 표현할 수 있겠네요. 상대의 주장을 다 들은 후 옳은 점은 인정하고 높이 평가해주는 거죠. 거기에 본인의 주장을 녹일 수 있는 부분을 찾아서, 상대의 주장에 본인의 주장을 더해 조금 더 나은 지향점을 제시하는 거죠."

"그러기 위해서라도 먼저 주장하는 것보단 기다리는 게 나을 수 있겠네요."

"맞아요. 토론에서 반드시 자기가 처음 말해야 할 상황이 아니라면, 일단 상대방의 말이 나올 때까지 기다리는 것이 필요해요. 이건 일종의 전략이죠. 대부분의 토론 면접에서 순서까지 정해주진 않으니까요. 만약 자기가 먼저 주장해야 하는 상황이라면 주장에 '절대성'이 느껴지는 단어는 절대 사용하면 안 돼요. '반드시', '절대로', '이것만이' 따위의 말들이죠.

기본적인 자신의 생각과 그렇게 생각하는 이유를 설명한다는 느낌의 화법을 사용해서 전달해야 해요. 그러면 상대방이 그 주장에 대한 반박 의견을 제시할 테고, 그때 처음 말했던 반복과 살 붙이기를 하면 되는 거예요. 반박했던 상대의 주장 중 옳은 점을 인정하고 높이 평가하는 거죠. 그 후 자기 주장과 반박 주장을 합쳐서 좀 더 나은 안을 제시할 수 있다면 더욱 좋고요."

"만약, 상대가 공격적인 태도로 주장하거나 토론에 임하면 어떻게 하나요?"

"그럼, 그 사람은 떨어지겠죠. 상대의 주장에 다소 강압성이나 비논리성 혹은 인신공격성 발언이 있다고 하더라도 절대 맞받아치면 안 돼요. 면접관은 그것까지 다 감안해서 평가를 하니까요.

오히려 그럴 때야말로 본인이 가진 경청의 자세를 더욱 어필할 수 있겠죠. 강압적인 태도에도 시종일관 상대를 인정하고 존중하고 이해하는 모습을 보여줄 수 있다면 그것만큼 이상적인 신입사원의 태도는 없을 테니까요.

만약 상대가 공격적으로 나온다면 마음속으로 이 말 한마디를 계속 기억하세요. '화가 난 말에 화가 난 말로 대꾸하지 마라. 싸움은 언제나 두 번째 화가 난 말로부터 시작한다.' 토론에서 어떤 결론이 나느냐는 중요하지 않아요. 그런데 대부분의 지원자는 결과를 위해 투쟁하고 싸우려고 해요. 하지만 실상은 과정이 더욱 중요해요. **면접자는 결과가 아닌 과정에서 보여지는 그들의 팀워크를 체크**하니까요."

"잘 알겠습니다. 그 외에도 혹시 토론 면접에서 꼭 명심해야 할 점들이 있나요?"

"음… 지식의 저주를 경계하라는 말을 하고 싶네요."

"지식의 저주요?"

"어렵고 복잡한 용어와 말들을 경계하라는 뜻이에요. 토론 면접에 대비하고 준비하는 친구들이 흔히 저지르는 실수가 토론을 공부하면서 배운 토론 용어를 자랑하듯 쓴다는 거예요. 일반화의 오류나 논점 이탈의 오류, 의도 확대의 오류 등과 같은 용어들을 쓰는 행위요. 토론학에서는 중요한 이론들이겠지만 그걸 토론 면접에서 쓰는 것은 부적절해요. 그런 용어에 이미 상대를 무시하거나 무너뜨리려 하는 공격성이 포함되어 있으니까요.

그게 아니더라도 자기가 잘 알고 있는 분야가 토론 주제로 나왔다고 해당 분야의 전문용어를 써서 토론하는 것도 옳지 않아요. 토론을 할 때 이론과 지식으로 상대를 이해하지 못하게 만드는 건 옳은 토론 태도가 아닐뿐더러, 그렇게 해버리면 제대로 된 토론 자체가 성립되지 않아 면접관이 측정할 데이터들도 없어져 버리니까요.

무엇보다 복잡한 용어와 말들로 주장을 하는 사람은 어쩔 수 없이 잘난 척하는 사람으로 보일 확률이 크니까요. 자기도 모르는 사이 실컷 자기 자랑만 하다 결국 보여줘야 할 경청의 태도는 완전히 지워져버리니까요."

"그렇군요. 토론 면접을 요약하자면 **들어주는 자가 이기는 싸움**, **상대방의 말에서 더 나은 대안을 제시할 수 있는 자가 이기는 싸움**, 무엇보다 **쉽게 이야기할 수 있는 자가 이기는 싸움** 정도가 되겠네요."

"훌륭합니다. 확실히 경험을 한 후 이야기를 나누니 습득이 아주 빠르네요. 좋아요."

"그럼, 이제 마지막으로 임원 면접에 대해 알아보면 되겠군요."

"그렇죠. 우리 이야기의 마지막이자, 채용의 정말 마지막 관문이죠. 임원 면접, 욕만 안 하면 다 붙는다던 것도 이젠 옛말이죠. 이 안에도 생각해야 할 몇몇 장치들이 숨어 있어요."

"네, 거기에 대해 질문을 드려볼게요."

✳ 34

임원의 주관은
기업의 객관이다

"생각해보면 임원 면접이 제일 분위기가 좋았던 것 같아요. 질문 자체가 어렵지도 않았고, 확실히 내 이야기를 잘 들어준다는 인상도 강했고요."

"그럴 거예요. 임원 면접을 갔다는 건, 사실 누가 뽑혀도 이상하지 않다는 뜻이에요. 서류전형을 통과하고, 인적성검사를 통과하고, 역량 면접, PT 면접, 토론 면접 등을 통해 기업이 뽑고자 하는 '성과 가능성'에 대한 검증이 끝난 사람들이니까. 통과한 모든 사람들이 당장 채용돼도 이상이 없는 사람들이니까요.

그런 사람들을 대상으로 더 시험할 필요가 없으니 분위기 자체는 아주 좋을 거예요. 합격 확률도 작게는 1.5배수에서 많아도 2배수를 넘지 않고요. 무엇보다 마지막으로 인성을 중심으로 살펴보자는 식이니까 분위기가 나쁠 이유가 없죠."

"그렇군요. 그런데 반대로 생각하면 그 모든 검증 과정이 끝이 났다고 한다면, 굳이 임원 면접을 보는 이유가 있나요?"

“그런 식의 시각도 분명 존재하죠. 어떤 회사는 임원 면접 자체를 오히려 부정적으로 평가하는 경우도 있어요. 지금껏 정교한 장치로 최적의 인재를 뽑았고, 그렇게 뽑힌 사람들 역시 순위를 매겨보면 그중에서도 최고점을 받은 사람은 존재하니까요. 그럼, 당연히 그 사람은 뽑아야 하는데 임원 면접에서 걸러지는 경우도 더러는 있거든요. 그럴 때 실무 인사를 담당하는 채용담당자들은 허탈하죠.”

“어째서 그런 일이 발생하는 거죠?”

“임원 면접에 들어가는 순간 그 전의 모든 지표는 완전 무효, 제로 베이스로 봐야 해요. 물론 1차 실무진 면접까지만 가도 그 전의 서류 결과는 거의 보질 않지만, 그럼에도 불구하고 인적성 결과나 이력서와 자소서가 참고사항 정도로는 작용할 수 있거든요.

하지만 임원 면접에는 정말 이 모든 것들이 상관이 없어져요. 인사팀의 판단 의견과 함께 관련 자료로 제공되긴 하지만 어찌 되었건 최종 결정을 하는 사람은 임원 스스로니까요.”

“그건 얼핏 들어도 불합리해 보이는 걸요? 이윤추구를 목적으로 그렇게 다양한 기법과 장치로 변수를 줄이고, 주관을 배제하기 위해 노력한 채용 시스템의 마지막이 결국 임원들 개개인의 주관적 판단이라니…”

“언뜻 보면 불합리해 보이는 이 사실도 두 가지 측면에서 생각해 보면 납득할 수 있어요. 첫 번째는 앞서 말한 것처럼 이미 거르고 걸러져 누가 봐도 채용할 가치가 있는 재원들만 남았다는 점이죠. 결국 임원이 그중 누구를 최종 선발해도 이미 **후보군들 중에는 오답이 없다**는 거죠. 기업의 입장에서는 그 정도만 되어도 충분히 훌륭한 재원을 확보했다고 생각할 수 있고요. 첫 번째 이유가 수동적 이유라면 두 번째 이유는 좀 더 능동적 이유예요. **임원이 가진 주관이야말로 기업의 입장에선 가장 객관적일 수 있다는 이유죠.**"

"'주관이 가장 객관적이다'라, 언뜻 들어선 모순이고 이해가 안 되는 말 같습니다."

"한 기업에서 임원을 한다는 것은 최소 20년이 넘는 직장생활을 했다는 뜻이고, 남들보다 '꽤' 잘했다는 뜻이에요. 다른 어떤 사람들보다 직장생활과 해당 기업을 잘 이해하고 있다는 의미죠. 아무리 기술이 정교해지고 장치가 복잡해져도 그런 수치로는 절대 계산할 수 없는 특별함의 영역이 있는 거죠. 제아무리 분석하고 수치화시켜도 기술로는 표현할 수 없는 그 기업의 성향이 존재하니까요.

그걸 가장 잘 이해하고, 그런 성향을 볼 수 있는 사람들, 그 사람들이 임원이에요. 즉, 임원 자체가 그 기업을 가장 잘 표현하고 대변하는 객관적 지표로 볼 수 있는 거죠. 그 사람들이 이 사람이다, 이 사람을 채용해야 한다고 느꼈다면 거기엔 단순히 임원들의 생각과 주관만 있는 것이 아니라, 기업의 본질적 유전자가 포함되어 있다는 겁니다."

"광고 카피가 생각나네요. '사람에서 기술로, 다시 사람으로'라는 카피 말이에요."

"오, 그거 좋은 표현이네요. 사람을 분석하고 선별하기 위해 기술을 도입하지만, 마지막은 다시 사람의 눈으로 판단하고 평가하는 것이 채용의 전 과정을 요약하는 말일 수도 있겠네요."

"'마지막은 사람의 눈으로'라, 이 비인간적인 채용 시스템이 남기는 최소한의 양심 같다는 생각마저 드는군요."

"그런 감상적인 시각도 일리는 있네요. 아무튼 임원 면접은 그런 목적이에요. 임원이란 기업의 주관적이면서 객관적일 수 있는 지표로, 마지막 승리자를 선발하는 행위라고 생각하면 될 거예요."

질문 취업에서 가장 중요한 것이 있다면?

1위 [직무] 하고 싶은 직무를 찾고, 관련 직무역량과 경험 쌓기   54%

2위 [기업] 입사에 대한 열정, 인재상 파악   15%

3위 [특기] 남과의 차별화   6%

3위 [채용담당자] 회사의 입장에서 바라보기   6%

5위 [기타] 기본 스펙, 자소서, 잘할 수 있는 일 선택 등   19%

답변 핵심은 딱 하나예요. 이놈이 와가지고 얼마나 일을 잘할 것이냐. 제가 아까부터 몇 시간 동안 얘기한 게 직무잖아요. 기업이 딱 하나 물어볼 수 있는 질문이 있다면 "너, 뭐 할 줄 아니?"예요. 이 질문에 답을 할 수 있으면 취업에 큰 어려움은 없다니까요. 대부분의 사람들이 이 질문에 대한 답을 준비하지 않는데, 이게 가장 1순위예요.

직무를 아는 송곳 같은 사람들은 아무리 좁은 관문이라도 항상 뚫게 되어 있어요. 내가 뭘 하고 싶은지가 없으니까 방향이 없는 거고, 방향이 없으니까 이것저것 하는 거예요. 거기서부터 출발해야 해요.

문제점 지원동기를 쓰기 어려운 게 아니라, 지원동기가 없는 거잖아요. 내가 CJ 가고 싶다고 생각하면, 그 다음부터는 CJ가 보이기 시작한단 말이에요. 마트에 가면 평상시 안 보이던 CJ 상품이 보이고, 누가 CJ 다닌다고 하면 전화라도 한번 해볼 거고, 길 가다가도 CJ 간판 보면 반가울 거고. 왜? 내가 들어가고 싶은 기업이니까. 그렇게 해서 몇 달을 관찰하면 하고 싶은 얘기가 생길 거고, 그러면 자소서 내용 자체가 달라지는 거죠.

많은 학생들이 지원동기를 가장 어려워하는데, 정확하게 말하면 어렵다기보다 지원동기가 없는 거죠. CJ도, 삼성전자도, 현대자동차도 갈 수 있는 거잖아요. 그냥 대기업이니까, 연봉이 높으니까 가고 싶은 거잖아요.

해결책/합격 사례 나만의 카운터펀치는 있어야죠.

수많은 지원자들을 보다 보면 붕어빵처럼 너무 비슷해서 지겨워요. 우리 백화점에 입사한 사람 중에 패션 관련 책을 낸 사람이 있었어요. 이 친구가 그 일을 하고 싶어서 대학교 1학년 때부터 전국 각지의 백화점을 탐방하며 분석하고 사진을 찍은 걸 블로그에 계속 올리다 보니 패션 관련 파워블로거가 된 거예요. 그렇게 쌓은 경험을 토대로 패션 브랜드의 모델도 하고 책도 냈어요. 패션이란 자리를 위해 몇 년 동안 칼을 닦은 거죠. 이런 친구는 뽑고 싶지 않을까요?

채용의 마지막 단추

"말씀하신 대로라면, 어찌 되었건 임원 면접은 임원들의 주관에 의해 평가된다는 것이네요. 그렇다면, 모든 임원이 각기 다른 생각과 주관을 가지고 있겠지만, 그럼에도 불구하고 임원 면접을 준비할 때 통용될 수 있는 만능키와 같은 요령이 혹시 있나요?"

"음… 사람은 머리가 아니라 마음으로 움직인다고 말들 하죠. 임원 면접에 있어서도 가장 훌륭한 만능키는 그들의 '공감'을 얻어내는 것일 거예요. 논리적인 이유나 과학적인 근거가 아니라, 공감으로 그 사람을 설득시키는 것. 그게 핵심인 것 같아요."

"'공감'이라… 구체적으로 어떤 모습을 보임으로써 가능할까요?"

"가장 중요한 것 중 하나는 진심과 애사심이라 생각해요. 대부분의 임원은 그 회사에 충성을 다했던 사람들이에요. 그 사람들이 일과 회사를 생각하는 마음은 다른 어떤 직급에 있는 사람들보다 높을 거예요. 자신이 생각하는 것만큼 회사를 이해하고 일을 사랑할 것 같은 사람, 그런 사람들에게 높은 점수를 주겠죠.

예전에 고려아연에서 임원 면접을 봤던 지원자가, 자기는 광부의
자식으로 태어나서 어렸을 때부터 광부로서 살아가는 것을 보고 자
랐대요. 그런 자기가 도시로 이사를 가고 싶다고 아버지한테 졸랐는
데, 아버지가 자신이 하고 있는 일에 대한 가치들을 설명해줬을 때
거기에 감동을 받았다고, 자신도 장차 어른이 되었을 때 그런 자원
에 관련된 일을 하는 사람이었으면 하는 꿈을 가지게 되었고, 그때
부터 공부를 시작해 서울대학교 자원공학과에 들어가게 되었다고
하더라고요. 대학시절 호주 광산에 가서 인턴십을 하고 자원과 관
련된 여러 경험을 쌓다보니까, 자연스레 국내 자원 분야 기업 중에
서 가장 우수한 고려아연에 관심을 가지게 되었고, 지금 이 자리에
서 그 결과를 기다리고 있다고 말하는데, 이거는 진짜 한편의 드라
마 같잖아요."

"저라도 그런 이야기를 하는 사람이 있다면 감동할 것 같아요. 우
리 회사와 그 일을 이렇게나 좋아해주니 말이죠."

"또 하나의 중요한 점은, 보다 넓은 의미에서의 그 사람의 인성을
보겠죠. 인성이야 이미 검사를 통해서도, 역량 면접의 구조화 질문
을 통해서도 충분이 파악했습니다. 하지만 거기서 파악한 인성은 아
무래도 직무 역할 수행과 직간접적으로 연관된 영역이 많죠. 적극성
이라던가 실행력, 목표의식 등과 같이요.

하지만 임원 면접은 직무와 아예 연관이 없는 부분의 인성까지 포
괄적으로 보려 합니다. 임원 면접 자체가 어찌 되었건 인성적 측면

만 보는 거니까요. 역량 면접보다는 인성의 범위가 넓다는 거죠. 인성이란 항목을 둘로 나누는 것이 약간의 모순이지만 쉽게 표현하자면 역량 면접에서는 직무와 관련된 공적 영역의 인성을, **임원 면접에서는 직무와 연관성이 없는 사적 영역의 인성까지 보는 거죠.**"

"사적 영역의 인성까지라, 말 그대로 그 사람 자체를 통찰하는 느낌이네요."

"오, 좀 더 와 닿는 표현이네요. 맞아요, 그런 느낌이죠. 그 사람의 성향 그 자체를 통찰하는 것이죠."

"애사심과 사람 자체에 대한 인성. 그리고 또 무엇이 있을까요?"

"발전 가능성 혹은 성장 가능성이겠죠. 임원은 면접장에서 지금 면접 보고 있는 지원자가 필드 위에서 펼칠 모습을 상상합니다. 저 문을 나가서 우리 회사의 명함을 가지고 필드에서 어떤 모습이 될지를 상상하는 거죠. 그 사람의 미래를 그려보겠죠. 그 모습이 지금보다 더 훌륭해지고 성숙해질 수 있는 사람을 뽑겠죠. 흔히들 말하는 열정, 포부, 진취성 따위의 것들 말이죠.

기대하게 만들 수 있어야 해요. 지원자가 본인이란 제품으로 임원에게 기대감을 줄 수 있게 만들어야 합니다. 예전에 삼성물산에 지원한 지원자가 임원 면접에서 이런 이야기를 했어요."

저는 아프리카 진출 사업에서 일하고 싶습니다.

아프리카에 직접 가보니 그 안에는 수십 개의 나라가 있는데, 1년에도 몇 개씩 생기고 또 없어집니다. 대부분은 개발도상국들인데, 그 나라에게 필요한 건 한 국가가 성장하기 위한 모든 인프라입니다. 그 인프라 자체를 팔 수 있는 회사, 한 국가의 인프라 컨설팅을 할 수 있는 상사는 삼성물산뿐이라고 생각합니다. 우리 회사의 모기업인 삼성은 전자, 건설, 교육, 의료 등 모든 인프라를 다 가지고 있기 때문입니다. 그 기반시설을 잘 활용하면 국가 컨설팅도 결코 허황된 꿈은 아니라고 생각합니다.

아프리카 신생국의 국기는 국가가 건설되기까지 영향을 끼친 것들을 상징화시켜 많이 표현합니다. 삼성물산의 인프라 컨설팅으로 개발도상국이 당당한 국가로 발돋움하게 되는 날이 온다면, 그들은 자신의 국기에 삼성의 로고를 새기게 될 것입니다. 이런 식으로 말이죠. 여기 올 때 저는 제가 생각하는 그 국기의 모양을 이렇게 인쇄해서 가지고 왔습니다. 이 국기를 늘 가슴에 품고 아프리카에서 두발로 뛰겠습니다. 언젠가 그날이 올 때, 그 나라의 첫 번째 공식 국기를 제 손으로 인쇄해보겠습니다.

"그 친구는 합격했어요. 그 친구의 말과 직접 그 국기를 상상해서 인쇄해 간 준비력에서 충분히 열정과 포부, 진취성이 보였거든요. 발전 가능성과 성장 가능성을 본 거죠."

"임원의 입장에서 회사를 위해 그런 이야기를 할 수 있는 사람이 온다면 정말 뿌듯할 것 같긴 하네요."

"그렇죠. 열정, 열정 이야기를 해도 정작 저렇게 보여줄 수 있는 열정이 흔하진 않으니까요. 뭐, 이 세 가지 정도가 임원 면접을 준비할 때 필요한 것들 같아요."

"결국, 회사를 사랑하는 사람, 괜찮은 사람, 오늘보다 내일이 기대되는 사람을 뽑겠네요."

"맞아요. 연비 씨는 요약과 정리는 나보다 훨씬 뛰어난 것 같아요. 이렇게 임원 면접에 대한 이야기까지 마무리 지었습니다. 혹시 오늘 나눈 면접에 대해 추가적으로 하고 싶은 질문이 있나요?"

"아니요, 충분한 것 같습니다."

"그래요. 여기까지 지난 몇 주간 우리는 채용의 전부를 살펴보았습니다. 제가 이야기해줄 수 있는 거의 모든 것에 대해 이야기한 것 같네요. 이야기를 전부 끝내고 나니 어떤가요?"

"처음에는 아주 단순한 치기로 시작했던 것 같습니다. 하지만 여기까지 오고 보니 작은 시작으로 얻기엔 너무나 큰 것들을 얻은 것 같습니다. 앞으로 제 인생의 절반 이상을 결정지을 시작점인 채용에 대해 너무나 많은 것을 알 수 있었고, 선생님이 아니었다면 깨닫지 못했을 다양한 시각도 경험했습니다. 진심으로 감사드립니다.

무엇보다, 채용이란 관점에서 지극히 평범하다고 생각했던 제가 선생님 덕분에 조금은 강점이 생기지 않았나란 생각이 들어요."

"그렇지 않아요."

"네? 무슨 말씀이신지…"

"평범하지 않았다고요, 연비 씨는. 몇 주간 연비 씨를 만나면서 제가 확신한 건 연비 씨에겐 다른 이들에겐 찾아보기 힘든 고민과 통찰의 습성이 있어요. 아마 연비 씨가 처음 적었던 특기란의 '궁금한 건 어떻게든 아는 것'이 거짓이 아니었기에, 지금껏 그렇게 살아왔기에 만들어진 연비 씨만의 강점이라 생각해요.

고민하는 것과 통찰할 수 있는 것. 이 두 가지는 충분히 기업이 원하는 성과 가능성의 범주 안에 있는 능력이에요. 집중하고 통섭하는 인재를 모두 원하니까요. 결국 연비 씨의 삶에서 연비 씨가 만들어 놓은, 몰랐던 강점인 거죠.

모든 사람이 그래요. 대동소이하다고 하지만 같은 인생은 없어요. 각자 걸어온 그 길이 꽃길만은 아니겠지만, 꽃 한 송이, 풀 한 포기 없는 길은 없다는 거예요. 그 한 송이를 잘 발견하고 제대로 피울 수만 있다면, 저는 모든 이들이 자신만의 강점을 가져, 회사의 성과 가능성에 충분히 어필할 수 있는 특장점을 가진 인재들이 될 수 있다고 생각해요."

"'모든 사람의 인생엔 꽃 한 송이는 있다'라, 명심하겠습니다. 저에 대한 이런 과분한 평가, 그리고 마지막까지 좋은 말씀 감사드립니다."

"저 문밖을 나서면, 이제 연비 씨도 자신의 길을 정해야 할 거예요. 그리고 걸어가겠지요. 부딪치고 꺾이고 무너지면서, 그럼에도 불구하고 성장해나갈 겁니다. 제가 준 작은 도움이 그 성장에 미약

하나마 도움이 되길 진심으로 기원합니다.

자, 우리 악수나 한번 나눌까요?"

자리에서 일어난 장선생이 연비에게 악수를 건넸다. 연비는 한참 동안이나 그 손을 놓지 못했다. 하지 못한 많은 말들을 마치 그 손에 모두 담아 건네려는 듯 말이다.

집으로 돌아가는 지하철 안에서 연비는 노트를 꺼냈다. 그리고 이 여정의 마지막 마침표를 찍을 내용들을 다시 한 번 확인한다.

면접의 법칙

스물다섯, PT 면접은 잘 아는 것 이상으로, 잘 설명하는 능력을 보는 면접이다.

스물여섯, 잘 설명하기 위해서는 나눠야 하고, 근거가 있어야 하며,

또한 담대해야 한다.

스물일곱, 토론 면접에서 보는 것은 회의실 안에서 보일 그 사람의 태도다.

스물여덟, 임원은 그 자체가 하나의 기준이다.

스물아홉, 임원이 하는 세 가지 질문. 사랑하는가, 괜찮은 사람인가,

내일이 더 기대되는가.

서른 번째 항목을 적으려다 멈춘다. 아직 그 말을 적을 때가 아니란 생각이 들어서였다. '언젠간'이라는 가정과 함께 연비는 노트의 마지막을 미완으로 남겨두고자 결심한다. 그 말은 스스로 때가 되었

을 때 적겠노라 다짐하며 말이다.

노트를 다시 넣으며 연비는 문득 지난날을 돌아봤다. 거짓말 같았던 몇 주가 지나갔다. 그때의 자신과 지금의 자신은 분명 어딘가 다르다. 먼 훗날 다시 봐도 선명하게 기억날 인생의 큰 방점 하나를 남긴 기분이었다.

그 점을 시작으로 이제 다시, 새로운 시작이다.

1. 이력서의 법칙

① 시스템으로 필터링되지 않을 최소한의 지원자격은 갖추어야 한다.

② 8대 스펙이라고 다 같은 스펙이 아니다. 기업의 눈으로 채용을 봐야 한다.

③ 기본을 쌓았으면 직무라는 특별함을 가져야 한다.

④ 준비하는 것이 늘어난 만큼 준비하는 시간은 일찍이어야 한다.

⑤ 이력서는 가고자 하는 이상과 갈 수 있는 현실의 타협점을 찾는 작업
이다.

⑥ 늦은 자의 태도. 낮에는 학교 밖에서, 밤에는 학교 안에서 보내야 한다.

⑦ 모든 이력은 그 자체로 차별의 근거가 된다.

2. 자기소개서의 법칙

⑧ '제품설명서'가 아닌 '제품광고' 같은 자소서를 적어야 한다.

⑨ 임팩트가 없다는 건 기억되지 않는다는 것이다.

⑩ 자소서의 제목은 그 다음을 읽게 만드는 힘이다.

⑪ '잘났다'는 말이 아니라 '필요한 사람'이라는 말을 해야 한다.

⑫ 채용담당자가 직관적으로 이해할 수 있게 간결하게 적어야 한다.

⑬ 채용담당자의 입장에서 자소서는 이력서로 볼 수 없는 것을 보는 검증
수단이다.

⑭ 자소서에서 검증하는 두 개의 가치는 '인재상과 직무역량'이다.

⑮ 직무역량은 연결고리 작업을 통해 반드시 만들어내야 한다.

⑯ 소재에 차별화가 없다면 스토리에 차별화도 없다.

⑰ '머리 위로 별이 뜨다.' 자소서의 기본 골격을 갖추어야 한다.

3. 인적성검사의 법칙

⑱ 인성검사는 일관성을 위해 솔직하게 적어야 한다.

⑲ 적성검사는 잘하기 위한 싸움이 아니라 못하지 않기 위한 싸움이다.

⑳ 인성검사는 최악을 걸러내기 위함이며, 적성검사는 일정 수준 이하를 걸러내기 위함이다.

4. 면접의 법칙

㉑ 면접평가표는 직무역량과 협업역량, 그리고 인재상이다.

㉒ 자소서에 얼마나 당당한지가 곧 역량 면접의 질을 만든다.

㉓ 구조화 면접은 사례를 외우는 것이 아니라 구조화 자체를 이해하는 데 중점을 둬야 한다.

㉔ 진심과 간절함, 결국 사람을 움직일 수 있는 사람이 뽑힌다.

㉕ PT 면접은 잘 아는 것 이상으로, 잘 설명하는 능력을 보는 면접이다.

㉖ 잘 설명하기 위해서는 나눠야 하고, 근거가 있어야 하며, 또한 담대해야 한다.

㉗ 토론 면접에서 보는 것은 회의실 안에서 보일 그 사람의 태도다.

㉘ 임원은 그 자체가 하나의 기준이다.

㉙ 임원이 하는 세 가지 질문. 사랑하는가, 괜찮은 사람인가, 내일이 더 기대되는가.

가을 하늘의 감성과 겨울바람의 쌀쌀함이 지나고 다시 봄이 찾아왔다. S기업의 면접대기실, 깔끔한 정장에 자신감과 긴장감이 섞여 있는 수많은 사람들이 여기에 있다. 그 사람들 사이에 아까부터 작은 노트 한 권을 꺼내 뚫어지게 쳐다보는 한 남자가 있다.

그 남자는 자신의 정확한 진로를 작년 여름의 끝자락쯤 정했다. 그 남자는 어떤 한 가지를 궁금해했었고, 궁금한 건 참지 않고 살았다고 자부했기에 그 답을 찾기 위해 노력했었다. 그렇게 한 중년의 신사를 만났고, 그 신사를 통해 자신이 그토록 알고 싶어 했던 것에 대한 답을 찾아갔다.

그렇게 찾은 답은 남자에게 있어 단순한 지식이 아니었다. 그 이후로도, 다양한 노력을 통해 자신이 찾았던 답을 좀 더 정밀하게 만들었다. 일련의 과정에서 그 남자는 자신이 찾은 답이 품고 있던 영역 자체에 관심을 가지기 시작했다.

인사(人事), 사람 인 자에 일 사 자를 합친 이 말은 글자 그대로 사람과 일을 연결시켜주는 분야를 의미한다. 사람에게 일을 제공하는 직무, 수많은 사람들과 수많은 일들 사이의 조율자로 나서야 하는 직무, 그래서 최종적으로는 사람에게 가장 알맞은 일을 제공함으로써 사람에게 만족감과 행복감을 줘야 하는 직무, 그 직무에 관심을 가지기 시작한 것이다.

두 계절이 지나는 동안 그는 자신이 배운 답에 근거해 이 분야에 채용되기 위한 준비를 했다. 그리고 지금, 그 남자는 그 자리의 문턱에 올라와 있다. 충분히 준비가 되었는지에 대한 확신은 아직 없다. 누군들 그 확신을 온전히 가진 사람이 있을까.

하지만, 자신의 노트를 보며 거기에 적혀 있는 스물아홉 가지의 규칙을 보며 남자는 생각한다. 자신이 그토록 알고 싶어 했던 이 답에 아직 당당하다고는 자신할 수 없지만, 그 답과 관련된 길을 가다 보면 아직은 알 수 없는 자신의 다음을 발견할 수 있을 것이라고 말이다. 그런 마음으로 그는 긴장한 듯 제자리걸음을 하는 사람, 입을 푸는 사람, 연인과 마지막 통화를 하며 응원을 받는 사람들 사이에 둘러쌓여 곧은 자세로 노트를 응시하고 있었다.

"S기업 임원 면접을 지금부터 시작하겠습니다. 세 사람씩 입장하겠습니다. 1번 제갈현열 지원자, 2번 김도윤 지원자, 3번 이연비 지원자 면접장으로 들어오세요."

세 명의 지원자가 들어갔다. 간단한 인사말과 함께 자기소개로 면접이 시작되었다. 첫 번째, 두 번째, 그리고 마지막 남자가 일어선다.

자세는 올곧고, 표정은 밝았으며, 무엇보다 스스로를 믿는 자만이
보일 수 있는 확신에 찬 눈빛이 있었다.

"안녕하십니까, 인사 직무에 지원한 이연비 인사드립니다."

"이대로 헤어지기 아쉬운데, 바람이나 쐴까요? 여기 건물 옥상 풍경이 좋아요."

"네, 알겠습니다."

마지막 악수를 나누고 장선생은 못내 아쉬운 듯 이야기를 건넸다. 둘은 서울의 어느 지역 7층 옥상에서 같은 곳을 바라보고 있다. 언덕에 위치한 건물이라 7층 옥상도 제법 높아 보인다. 이미 어둠이 내린 서울의 야경이 그들의 눈에 펼쳐졌다.

"저기 수많은 빌딩들, 그 안에 수많은 빛들이 있네요. 주인이 될 수 없는 수많은 부품들이 만든 빛이겠지요. 저 거대한 빌딩만큼이나 큰 시스템을 돌아가게 만들기 위해서 말이죠."

"채용이란 것, 시스템의 부품이 된다는 것, 솔직히 잘 모르겠습니다. 그게 정답인지를 말이죠."

"누구나 그런 생각을 해요. 누구나 취업을 원하고, 누구나 대기업에 들어가길 원하죠. 그렇게 어렵고 힘든 과정을 거쳐 자신들이 간절히 원했던 대기업에 입사한 사람들이 한 해에 수천수만 명이에요. 자기가 원한 바를 이룬, 일종의 승리자죠.

그런데 이상한 건 대기업에 다니는 3년차 직원들에게 행복하냐고 물어보면 행복하다고 답하는 사람은 많지 않다는 거예요. 올해 들어간 수천수만 명의 사람도 마찬가지일 거예요. 3년 뒤에 그들에게 행복을 묻는다면, 그들은 아마 대답할 수 없겠죠."

"…"

"연비 씨, 나는 그렇게 생각해요. 그 어떤 의미로든 시스템의 부품이 된다는 건, 개인의 삶이 거대한 기업의 구조와 법칙에 함몰되어 간다는 건, 결국 행복과 멀어지는 선택이 아닌가 하고 말이에요. 웃기죠. 채용에 대한 일을 하는 내가, 연비 씨에게 지금까지 채용의 전부를 알려준 내가 이런 이야기를 한다는 게."

"아니에요. 사실 저도 최근에 그와 비슷한 생각이 들었어요. 제대로 설명할 수 없는 감정이었지만 그런 느낌이 들었어요."

"저는 연비 씨가 그랬으면 좋겠어요. 아니, 이 땅에 취업을 준비하는 모든 미생들이 그랬으면 좋겠어요. 시작은 어쩔 수 없어요. 회사에 이용당하기 위해 선별되는 거죠. 하지만 그 회사가 곧 사회예요. 개인으론 느낄 수 없는 사회의 거대한 흐름과 정보, 그런 것들은 회사에 들어가야지만 볼 수 있는 것들이에요. 그걸 충분히 봤으면 좋겠어요. 회사에 이용당하더라도, 그 안이기에 볼 수 있는 것들을 충분히 보고, 경험하고, 그 경험을 자양분으로 성장했으면 좋겠어요.

그리고 이용당하는 만큼, 자신들도 회사를 이용했으면 좋겠어요. 그래서 언젠가는, 그렇게 노력해서 얻은 노력으로 시스템의 부품이 아니라 자기만의 시스템을 만드는 창조자가 되었으면 좋겠어요. 그게 창업이든, 장사든, 혹은 새로운 어떤 목표든지 말이에요.

완생은 입사를 통해 결정되는 것이 아니라 입사를 한 후 어느 시점이건 자기 길을 발견하고 깨닫게 되었을 때 시작된다 믿어요 난."

"…"

"지금까지 이야기와 전혀 상관없을 것 같은 이 이야기가 제가 연비 씨에게 드리고 싶은 마지막 말이에요. 앞으로 우리는 자주 연락하고, 언젠간 함께 일도 하겠지만 제 말을 기억해줬으면 좋겠어요."

"어느 말보다 명심할게요. 고맙습니다."

"바람이 차네요. 이제 그만, 진짜 마무리해볼까요? 내려갑시다."

7년 뒤…

유난히 바람이 맑던 어느 날, 이젠 제법 정장이 어울리게 된 한 남자가 서랍 안에서 꺼낸 노트를 책상 위에 올려놓는다. 책상 한켠에는 하얀 봉투가 올려져 있었다. 노트 속에 담긴, 이제는 빛이 바랜 과거를 본다. 한참을 보던 그는 지긋이 웃으며 이때까지 적지 못했던 마지막 한 줄을 적는다.

서른, 타자의 시스템 속 부품에서, 자신만의 시스템을 만드는 창조자로.

기업의 목적은 이윤창출이다.

그런 기업의 가장 큰 사회적 책임은 채용이다.

사내유보금이 어느 때 보다 많아진 지금,

이윤창출이란 목적을 이룬 기업이 그에 따른 책임 또한 다하길 바란다.

note

note
note